Islomov A.

**O'ZBEKISTON VA JAHON TARIXI
FANLARIDAN MAKTAB DARSLIGI**
(MAKTAB O'QUVCHILARI VA TARIX FANI
O'QITUVCHILARI UCHUN DARSLIK)

© Islomov A.
Ozbekiston va jahon tarixi fanlaridan maktab darsligi
by: Islomov A.
Edition: October '2024
Publisher:
Taemeer Publications LLC (Michigan, USA / Hyderabad, India)

ISBN 978-93-5872-750-0

© **Islomov A.**

Book	:	Ozbekiston va jahon tarixi fanlaridan maktab darsligi
Author	:	Islomov A.
Publisher	:	Taemeer Publications
Year	:	'2024
Pages	:	252
Title Design	:	*Taemeer Web Design*

FARG'ONA-2024

Islomov.A

"O'zbekiston va Jahon tarixi fanlari tarixiy atamalarining izohli lug'ati maktab darsliklari misolida " (maktab o'quvchilari va tarix fani o'qituvchilari uchun darslik).

Mas'ul muharrir: *Nuridinov T.. Tarix fanlari bo'yicha falsafa doktori (PhD), Qo'qon DPI Tarix kafedrasi mudiri.*

Muallif. *Islomov.A – Qo'qon DPI 1-bisqich magistranti*

Navoiy nomli davlat stipendiyasi sohibi

Taqrizchi: *Akbarov Q.. – Qo'qon DPI Tarix kafedrasi katta o'qituvchisi, Tarix fanlari nomzodi.*

Ushbu darslik DTM testlarida uchraydigan asosiy tarixiy atamalar izohiga bog'ishlanadi. Bundan maktab o'quvchilari, oliy o'quv yurtlariga tayyorlanayotgan abiturientlar foydalanishi mumkin.

Muallif tarixchi sifatida tarixiy atamalarning izohi haqidagi ma'lumotlarini siz aziz kitobxonlar bilan o'rtoqlashadi. Darslik haqidagi taklif va mulohazalarni bajonidil qabul qiladi.

MUNDARIJA

1. 6 SINF............   9-42
2. 7 SINF............   43-81
3. 8 SINF............   82-121
4. 9 SINF............   122-157
5. 10 SINF...........   158-203
6. 11 SINF...........   204-250
7. Foydalanilgan Adabiyotlar....   251

SO'Z BOSHI

Mustaqillik yillarida boy ma'naviy merosimiz, milliy davlatchiligimiz, muqaddas dinimiz urf-odat va an'analarimiz, umuman, o'tmish tariximiz qayta tiklandi. Vaholanki, sobiq sovetlar davrida Vatanimiz tarixining aksariyat dolzarb masalalarini ma'lum siyosiy-mafkuraviy ta'ziqlar ta'sirida xolislik bilan yoritish imkoniyatidan maxrum edik. Aynan, istiqlol sharofati bilan xalqimizda milliy uyg'onish, o'zligini anglash, Vatanimiz tarixini o'rganishga bo'lgan intilish va qiziqish ularning hayot mazmuniga aylandi. Prezidentimiz SH.M.Mirziyoev: "Biz ta'lim va tarbiya tizimining barcha bo'g'inlari faoliyatini bugungi zamon talablari asosida takomillashtirishni o'zimizning birinchi darajali vazifamiz deb bilamiz"[1], - deb ta'kidlagan edi. Bugungi kunda O'zbekistonda jamiyatimiz hayotining barcha sohalarida chuqur islohotlar jadallik bilan hayotga tatbiq etilmoqda. Yosh avlodni har tomonlama yetuk qilib tarbiyalashda ayniqsa, Vatan tarixini o'rganishning o'rni beqiyosdir. SHu nuqtai nazardan olib qaraganda tarixiy atamalarni chuqur o'rganish orqali o'quvchilar ongi va

---

[1] Mirziyoev Sh.M. Milliy taraqqiyot va yo'limizni qat'iyat bilan davom ettirib, yangi bosqichga ko'taramiz. 1-jild. –T.: "O'zbekiston" NMIU, 2017. – B.124.

dunyoqarashida o'z vataniga bo'lgan mehr tuyg'ularini jo qilishda mazkur o'quv-uslubiy qo'llanma oz bo'lsada, o'z o'rnini topsa, biz o'zimizni g'oyat baxtli his qilgan bo'lar edik.

Darhaqiqat, bugungi kunda Vatan tarixini o'rganish, uni o'qitishga bo'lgan munosabat davlat siyosati darajasiga ko'tarildi. Tarixan qisqa davr ichida respublikamizning tarixchi olimlari, ilmiy ijodkorlar tomonidan ko'plab ilmiy maqolalar, monografiyalar, darsliklar, ilmiy-uslubiy qo'llanmalar nashr etildi. Ammo erishilgan yutuqlar bugungi axborotlashgan davr talablariga to'liq javob bera oladi deb, ayta olmaymiz. "O'zbekiston tarixidan izohli lug'at"ni yaratish yosh avlodni har tomonlama yetuk qilib tarbiyalashga qaratilgan xayrli ishlardan biri, deb bilamiz.

Chunki, sobiq sovetlar davrida O'zbekiston tarixiga oid ijtimoiy-iqtisodiy, siyosiy va madaniy-ma'naviy tushunchalar, atamalar kommunistik mafkuraga mos ruhda yozilgan bo'lib ularning ko'pchiligida tarixiy haqiqat buzib bir tomonlama talqin etilganligi bugungi kunda hech kimga sir emas.

Ushbu tayyorlangan izohli lug'at keng qamrovli bo'lib, O'zbekiston tarixi bo'yicha yaratilgan umumta'lim maktablari, akademik litseylarning amaldagi darsliklarida uchraydigan tarixiy atamalarning izohiga bag'ishlangan. CHunki, aksariyat darsliklarda o'quvchilar uchun notanish tushunchalar yo'l-yo'lakay izohlarsiz bayon etib ketilgan. Mazkur lug'at shu ma'noda kitobxonga har bir tarixiy davr va tegishli mavzularni yanada chuqurroq tushunishlarida muhim qo'llanma bo'ladi, degan maqsadda tartib qilindi.

Mazkur izohli lug'at umumiy o'rta maktab, akademik litsey va kasb-hunar kollejlari o'qituvchi va o'quvchilari, oliy o'quv yurtlarning talabalari, shuningdek, tarix fani bilan qiziquvchi keng kitobxonlar ommasiga moslab tarixning eng qadimgi davrlaridan to hozirgi kunlarigacha bo'lgan davrlarni o'z ichiga olgan eng dolzarb mavzular asosida yaratildi. SHuningdek, mazkur lug'atda jahon tarixi fanida foydalaniladigin atamalar mazmunini kengroq yoritishga ham harakat qilindi. Izohli lug'atda tarixiy atamalar alifbo taritibida joylashtirildi.

Shuni alohida ta'kidlash joizki, ushbu tarix fanidan izohli lug'atni tayyorlashda uning mazmunini yanada boyitish maqsadida oldingi yillarda nashr etilgan manbalardan samarali foydalanishga harakat qilindi.

O'quv-uslubiy qo'llanma atamalar o'tmishda va tarixiy manbalarda qanday yozilganiga qarab alifbo tartibida, so'zlarning etimologiyasi esa qavs ichida berildi.

O'zbekiston va jahon tarixi fanlaridan tuzilgan ushbu o'quv-uslubiy qo'llanmada tarix darsliklarida keltirilgan barcha atamalarni imkon darajasida qamrab olishga harakat qilindi. Shu bilan birga mazkur tarixiy atamalar lug'ati juz'iy kamchiliklardan xoli bo'lmasligi tabiiydir. Kelgusida bunday lug'atlarni yanada takomillashtirib, alohida darsliklar bo'yicha tuzish rejalashtirilgan. Biz mushtariylarimiz tomonidan mazkur lug'at bilan bog'liq bildiriladigan fikr-mulohazalarni minnatdorchilik bilan qabul qilamiz.

6 SINF

AVSTRALOPITEK (lot. australis – janub, pithekos – maymun) – bundan 3-2 million yil oldin yashagan odamning ilk ajdodlaridan biri bo'lib, uning qoldiqlari 1924 yilda Janubiy Afrikada topilgan.

AVESTO – o'rta fors tilidan "Apastak" yoki "Asos" deb tarjima qilinadi. O'rta Osiyoning ajralmas qismi hisoblangan Turonzamin hududlarida shakllangan qadimiy din-zardushtiylikning kitobidir. Unda O'rta Osiyo va boshqa xalqlarning ibtidoiy va qadimiy axloqiy tasavvurlari, dunyoning yaratilishi bilan bog'liq tushunchalar, afsona va rivoyatlar, falsafiy-axloqiy qarashlar o'z ifodasini topgan.

Fanda zardushtiylik va uning kitobi "Avesto" paydo bo'lgan hudud Midiya deb hisoblovchi "g'arbiy" nazariya va bu ta'limotning beshigi Baqtriya, Sug'diyona, Farg'onadan iboratdir, deb tasdiqlovchi "sharqiy" nazariya mavjud. Zardushtiylikni Xorazm bilan bog'lovchi nazariyaning ilmiy adabiyotda juda ko'p tarafdorlari bor. "Avesto"da zardushtiylarning muqaddas olovi – "azar-xurra" birinchi marta yoqilgan mamlakat, hamda Axuramazda Zardushtga namoyon bo'lgan mamlakat sifatida "Aryonam vayjo" eslatiladi. "Avesto"da Axuramazda tomonidan yaratilgan mamlakatlar sanab o'tilgan. Birinchi o'rinda "Aryonam-vayjo" (Xorazm) turib, "Go'zallikda u bilan dunyoda hech narsa tenglasha olmaydi" deyiladi. Keyin "Odamlarga va chorvaga boy Gava (Sug'd)", "Qudratli va muqaddas Mouru (Marg'iyona)", "Bayroqlari baland ko'tarilgan mamlakat Bahdi (Baqtriya)" ta'riflanadi. "Avesto" dastlab 21 kitobdan iborat bo'lgan. Bizgacha uning ayrim qismlarigina saqlanib qolgan bo'lib, bu qadimgi qismlar Yasna, Visparat, Yasht va Videvdat deb nomlanadi.

AVESTO TILI – Zamonamizgacha yetib kelgan Avesto qismlari milodning III-VII asrlarida tahrir qilingan. "Avesto" boblari "pahlaviy" – o'rta fors alifbosi asosida 48 ta belgili yozuvdan iboratdir.

Zardushtiylik dini Ahmoniylar saltanatining (mil.avv.VI-IV asr) davlat diniga aylantirilgan. Zardushtiylikning g'oyalari matnlari miloddan avvalgi IV asrda to'planib, 21 kitob qilinadi. Abu Rayhon Beruniyning yozishicha "Podsho Doro ibn Doro hazinasida 12 ming qoramol terisiga tillo suvi bilan bitilgan bir nusxa bor edi. Iskandar otashxonalarni vayron etib, ularda xizmat qiluvchilarni o'ldirgan vaqtida uni kuydirib yubordi. SHuning uchun ham "Avesto"ning 3/5 qismi yo'qolib ketdi".

Sosoniylar (224-651) davriga kelib "Avesto" tili "o'lik", tushunarsiz bo'lib qolgan. Ammo to'plamda eski so'zlar va tushunchalarning hammasi saqlangan. "Avesto" tili eroniy tillarning eng qadimgi shevalaridan biri bo'lgan va olimlar fikriga ko'ra, qadimgi fors tiliga nisbatan ancha oldingi bosqichda, miloddan avvalgi II ming yillikning oxiri I ming yillikning boshlarida paydo bo'lgan.

"Avesto" birinchi bo'lib, XVIII asrda frantsuz olimi Anketil Dyuperron tomonidan 1771 yilda tarjima qilingan. Uning qo'lidagi "Avesto" qo'lyozmalari XIII asrga oid bo'lgan.

ALEKSANDRIYA – Aleksandar Makedonskiyning SHarqqa yurishlari oqibatida bosib olingan hududlarda barpo etilgan shaharlar. Aleksandriya nomidagi shahar Sharqning bir qancha mamlakatlarida mavjud bo'lib, ular qadimda Aleksandriya (Misrda), Aleksandriya Esxata (CHekka Aleksandriya), Aleksandriya Marg'iyona (Turkmanistonda), Oks Aleksandriyasi, Aleksandriya Ariya (Eronda) deb nomlangan.

ALEKSANDRIYA ESXATA – olimlarning aytishicha, Bekobod bilan Xo'jand o'rtasida – Yaksart (Sirdaryo) bo'yida Aleksandr tomonidan qurilgan shahar. Bu shahar Sirdaryoning narigi tomonidagi ko'chmanchi jangovar sak qabilalari hujumiga qarshi tayanch istehkom sifatida qisqa muddatda (17 kunda) qurib bitkaziladi. Uning devori uzunligi 60 stadiy bo'lgan. (Stadiy yunon uzunlik o'lchov birligi bo'lib, 1 stadiy – 185 metrga teng).

AKINAK – Miloddan avvalgi 1 ming yilliklarda qadimgi forslar va skif (sak)lar ishlatgan uzunligi 40-60 santimetr keladigan kalta temir qilich, hanjar. Qo'l jangida sanchuvchi qurol sifatida ishlatilgan.

ANAXITA (NOHID) – zardushtiylikda yer-suv, hosildorlik, farovonlik ma'budasi. Qadimgi dehqonlar yog'ingarchilik va hosildorlikni Anaxitaning mo''jizasi deb hisoblaganlar. Qadimgi haykaltaroshlar Anaxitani bir qo'lida anor yoki olma ushlab turgan ayol shaklida tasvirlaganlar. Arxeologik qazishmalarda Anaxitaning sopoldan yasalgan haykalchalari ham uchrab turadi.

ANGOB – qizil kesakdan tayyorlanadigan bo'yoq. Angob kulolchilikda keng qo'llaniladi. Sopol idishlar va buyumlar angob surtishdan oldin quritiladi. Idishlar va buyumlar angobdan keyin naqshlanadi. O'rta Osiyo xalqlari angobni neolit davridan boshlab (miloddan avvalgi IV-III ming yilliklardan) kulolchilikda keng qo'llab keladilar.

"AMUDARYO XAZINASI", "Oks hazinasi" – 1877 yilda Vaxsh va Panj daryolarining Amudaryoga quyiladigan yerida topilgan miloddan avvalgi IV-II asrlarga oid zargarlik buyumlari majmuasi.

AMFORA (yun. amphi – ikki tomondan, phero – ko'tarib boraman) – antik davrlarda ishlatilgan yuqori qismi keng, tag qismi va og'zi tor, ikki dastali, sopol, ba'zan metalldan tayyorlangan idish. Vino, yog' saqlash va tashishda ishlatilgan. Ziyofatlarda bezatilgan bejirim amfora turlaridan foydalanishgan. (Qadimda amforalarning shaklini ayolga ham qiyos qilishgan). Arxeologik qazishmalar jarayonida O'zbekiston (Surxondaryo) hududidan ham mil.avv. III-II asrlarga oid amforalar topilgan.

ANTROPOGENEZ (yun. anthropos – odam, genesis – rivojlanish) – odamning kelib chiqishi va rivojlanish jarayoni, antropologiya fanining tarmog'i. Bu jarayon to'g'risida turli fikrlar mavjud. Zamonaviy fan antropogenez jarayonining ijtimoiy mehnat nazariyasini tasdiqlamoqda. Insonning paydo bo'lishi va rivojlanish jarayoni (antropogenez) bir necha bosqichlarga bo'linadi. Antropogenez jarayonining birinchi bosqichi avtralopitek va zinjantrop odamlar yashagan davr hisoblanib, bu ibtidoiy odam turlari taxminan 3-2 mln. yil ilgari yashagan. Odam taraqqiyotining ikkinchi bosqichi pitekantrop va sinantroplardir. Ular bundan 1 mln.-800 ming yil ilgari yashaganlar.

Avstralopitek, zinjantrop, pitekantrop, sinantrop odamlari fanda arxantroplar (eng qadimgi odamlar) deb yuritiladi. Arxantroplarga mansub odam izlari Farg'ona vodiysi (Sulung'ur g'ori)dan ham topilgan bo'lib, fanda u Fergantrop (Farg'ona odami) deb aytiladi. Antropogenez jarayonining uchinchi bosqichi neandertal odamlariga to'g'ri kelib, ular bundan 100-40 ming yil muqaddam yashashgan. Fanda bu odam turi paleoanroplar (qadimgi odamlar) deb nomlanadi. Neandertallar ibtidoiy odam shakllanishi jarayonining so'nggi bosqichi bo'lib, ulardan keyin 40-35 ming yillikka kelib zamonaviy qiyofadagi kromanon odamlari (neontroplar) shakllangan.

AMUDARYO – O'zbekistondagi eng yirik daryo bo'lib, u Vaxsh va Panj daryolarining qo'shilishidan boshlanadi. Vatanimiz hududida o'troq sug'orma dehqonchilik madaniyati va davlatchilikning paydo bo'lishida ushbu daryoning o'rni va ahamiyati juda kattadir. Amudaryo eramizdan avvalgi I ming yillikka oid yozma manbalardayoq tilga olinib, "Avesto"da Vanhvi-Daiti, Yunon-Rim tarixchilarining asarlarida Oksus (Oksos) yoki Araks, Xitoy manbalarida Guy-Shuy, mahalliy turkiy manbalarda O'kuz, Balx, Vaxsh, Omul (Amul), arab manbalarda Jayxun nomi bilan eslanadi.

ARXANTROPLAR (yun. archaios – qadimgi, anthropos – odam) – ibtidoiy odamning dastlabki vakillari. Arxantroplar ilk paleolit davrida yashaganlar. (Asvtralopitek, Zinjantrop, Pitekantrop, Sinantrop, Fergantrop).

ARXYEOLOGIK MADANIYAT – o'ziga xos xususiyatlari bilan ajralib turadigan muayyan davrga va hududga doir arxeologik yodgorliklar birligi. Ayrim yoki bir qancha belgilarga, xususan, sopol buyumlarining shakli, naqshi, marhumlarni dafn etish tartibi, mehnat qurollari, uy-ro'zg'or anjomlari va boshqalarga ko'ra belgilanadi. Odatda, yodgorlik qaerdan topilsa, shu joyning nomi bilan yuritiladi (masalan: Qovunchi madaniyati, Zamonbobo madaniyati).

ARXEOLOGIYA (yun. archaios – qadimgi, logos – fan) – insoniyat o'tmish tarixini moddiy madaniyat yodgorliklari (mehnat qurollari, asbob-anjomlari, qurol-yarog'lari, turar joylari, qurilishlari, qabrlarini) qazishmalar orqali o'rganuvchi fan.

ANTIK DAVR (lot. antiquus – qadimgi) – O'rta Osiyo tarixida miloddan avvalgi IV asrdan (yunon-makedon istilosidan) boshlab milodiy V asrga qadar bo'lgan davr antik davr deb yuritiladi. Qadimiy noyob moddiy yodgorliklar antikvar buyumlar deyiladi.

ANIMIZM (lot. anima – ruh, jon) – insonni o'rab turgan muhitda jonlar va ruhlarning mavjudligiga ishonish, go'yo ular kishilar, hayvonlarning hayotiga, tevarak atrofdagi olam, buyumlar va hodisalarga, ularning o'zgarishlariga ta'sir etib, ularni boshqaradi deb hisoblash. Animistik tasavvurlar ibtidoiy davr odamlarida bundan taxminan 40-35 ming yil avval paydo bo'la boshlagan. Animizm tushunchasini birinchi bo'lib fanga nemis olimi SHtal (1708 y.) kiritgan.

AXURAMAZDA – zardushtiylik dining

bosh xudosi, ezgulik xudosi, insonga doimo yaxshilikni ravo ko'ruvchi ilohiy kuch.

ASHYEL – qadimgi tosh davri (paleolit)ning shell davridan keyingi ikkinchi bosqichi. Frantsiyadagi ibtidoiy manzilgoh nomidan olingan. Bu davrda sinantrop odamlari yashaganlar.

AXRIMAN, ANXRA-MANYU – zardushtiylik dinida zulmat, ochlik, o'lim, gunoh va qabixliklar ilohi.

ARYANAM VEJA – "Avesto" kitobiga ko'ra Zardushtiylikning muqaddas olovi – "Azarxo'rro" birinchi marta yoqilgan yurt; Payg'ambar Zardushtning vatani. "Avesto"da Axuramazda tomonidan yaratilgan o'lkalar orasida birinchi bo'lib Aryanam veja keltiriladi va bu yerda yilning to'qqiz oyida qish bo'lishi ta'kidlanadi. "Avesto" geografiyasi bilan shug'ullangan ba'zi tadqiqotchilar Aryanam vejani xozirgi Amudaryoning quyi havzalari (Xorazm)ga to'g'ri keladi deb hisoblasalar, boshqalari O'rta Osiyoning shimoliy hududlari deb tushunadilar.

ARAKS – Amudaryoning qadimgi nomi. Yunon tarixchilari (Gerodot) asarlarida Amudaryo shunday nomlangan.

AJAM – arablar o'zlari bosib olgan hududlardagi boshqa xalqlarni, jumladan, Yaqin va O'rta Sharq, asosan, hozirgi Eron hududlarini shunday nom bilan ataganlar.

AJDOD (ar. – bobo so'zining ko'pligi) – bobo degan ma'noni bildirib, shaxsning ilgarigi o'tgan ota-bobolarini anglatadi.

AZARXO'RRO – muqaddas olov. Miloddan avvalgi VI-V asrlarda to islom dini tarqalgunga qadar otashparastlar o'rtasida azarxo'rroga e'tiqod juda kuchli bo'lgan. Muqaddas olov har bir mamlakat va shaharda, maxsus joylarda – otashkadalarda saqlanib, u kecha-kunduz yonib turgan. Otashkada xizmatchisi bo'lgan kohin esa atrabon deb yuritilgan.

ARISTOKRATIYA (yun. aristokratia – yaxshilar hukmronligi) – iqtisodiy hukmron sinf, zodagonlarning siyosiy hokimiyati, hukmronligi. Aristokratiya qadimgi dunyo mamlakatlarida, xususan qadimgi Yunonistonda davlat hokimiyati shakllaridan biri bo'lib, unda hokimiyat zodagon oqsuyaklarning qo'lida to'plangan. Aristokratik boshqaruv tizimiga qarshi o'laroq miloddan avvalgi V asrda Afina hokimi Solon umumxalq boshqaruv tizimini joriy etib, uni demokratiya deb atagan.

BAQTRA – qadimgi shahar. Baqtriyaning markazi, Afg'onistondagi Vazirobod (Balx) shahri yaqinida joylashgan. Miloddan avvalgi I ming yillik o'rtalaridan ma'lum. Rivoyatlarga ko'ra, zardushtiylik tarqalgan joy, keyinchalik kushonlar saltanati davrida Markaziy Osiyoda buddizmning yirik markazlaridan biri bo'lgan.

BAQTRIYA – geografik hudud. Qadimgi Baqtriyaga hozirgi Janubiy O'zbekiston (Surxondaryo), Janubiy-G'arbiy Tojikiston va SHimoliy Afg'oniston yerlari kirgan. Baqtriya Eroncha "boxtar" so'zidan kelib chiqqan bo'lib, "quyosh chiqadigan o'lka" demakdir. Mazkur hudud qadimgi yunon muarrixlari asarlarida Baqtriana, Baqtriya deb atalgan. Ilk o'rta asrlar davriga kelib qadimgi Baqtriya yerlarida turkiy qabila – toharlar keng yoyilishi munosabati bilan Tohariston deb yuritilgan.

BAQTRIYA YOZUVI – miloddan avvalgi IV asr oxirigacha qadimgi Baqtriya hududlarida oromiy yozuvi ishlatib kelingan. Keyin Baqtriyada mahkama tili va yozuvi yunoncha bo'lgan. So'ng miloddan avvalgi III-II asrlar chegarasida oromiy va qadimgi yunon alifbosiga asoslanib Baqtriya yozuvi ishlab chiqiladi. Bizgacha yuzdan ortiq baqtriya yozuvi namunalari va so'zlari yetib kelgan. Baqtriya yozuvi topilmalari asosan miloddan avvalgi I asr va milodiy I asrlarga taalluqli bo'lib, baqtriya tili va yozuvi yaxshi o'rganilmagan.

BEXISTUN BITIKLARI – SHimoliy Eronda, Kirmonshoh shahri yaqinida, tog' oralig'idan o'tgan qadimgi savdo yo'li yoqasidagi qoyaga ahmoniylar hukmdori Doro I (522-486) ning toshga qadimgi fors, elam va akkad tillarida yozdirgan zafarnomasi. Unda qadimgi SHarq va O'rta Osiyoning qadimgi xalqlari (xorazmliklar, baqtriyaliklar, marg'iyonaliklar, saklar) haqida ma'lumotlar keltirilgan.

BRONZA DAVRI (jez davri) – mehnat qurollari asosan mis bilan qalayning aralashmasi-bronzadan yasalgani uchun shunday nom berilgan. Miloddan avvalgi 3-2 ming yilliklarni o'z ichiga oladi.

Bronza davriga kelib hozirgi O'zbekiston hududlarida sun'iy sug'orishga asoslangan sug'orma dehqonchilik madaniyati shakllandi. Bu davrga oid moddiy madaniyat yodgorliklari Zamonbobo (Buxoro viloyatining Qorako'l tumanida), Sarazm (Tojikistonning Panjikent tumani, Sug'd viloyatida), Sopollitepa, Jarqo'ton (Surxondaryo viloyatining SHerobod tumanida) va Tozabog'yob, Qavat-3, Amirobod (Xorazm-Qoraqalpog'iston) manzilgohlaridan topib o'rganilgan.

BUDDA (sanskrit. Buddha – xotirjam, nurlangan, oliy haqiqatga erishgan) – buddizmda bir necha bor qayta tug'ilishlar natijasida mutlaq haqiqatga yetishgan va buddaga diniy najot yo'lini ko'rsatishga qodir zot. Keng ma'noda – har bir inson juda ko'p ezgulik qilish, bu dunyoning barcha sevimli narsalari foydasiz ekanini anglash orqali buddaga aylanishi mumkin. Buddizm panteonida yuzlab turli buddalar bor.

Tor ma'noda esa – buddizm asoschisi, bu dunyo tashvishlarini tark etib, "oliy haqiqatga erishgan" Siddhartha Gautama (mil.avv. 623-544) ning ismi. 35 yoshida meditatsiya holatiga kiradi. Nihoyat u maqsadiga erishadi va koinotning barcha sir-asrorlaridan voqif bo'lgan buddaga aylanadi.

BUDDIZM – paydo bo'lishi tarixiy davriga ko'ra, birinchi jahon dini hisoblanib, u bundan 2600 yil avval shimoliy-sharqiy Hindistonda vujudga kelgan. Uning asoschisi shahzoda Siddhartha Gautamadir. Siddxartxa vafotidan so'ng Budda ("Nurlangan", "Oliy haqiqatga erishgan", "Haqiqat najotkori") deb atalgan. Budaviylik dinining nomi ana shundan olingan.

Buddaviylik dinining kitobi "Tripitaka" ("Uch savat donolik") deb ataladi. Buddaviylik ta'limotining asosini "to'rt oliy haqiqat" tashkil etadi:

1. Azob-uqubatlar mavjudligi haqidagi ta'limot.

2. Azob-uqubatlarning sabablari mavjudligi haqidagi ta'limot.

3. Azob-uqubatlarning bartaraf bo'lishi haqidagi ta'limot.

4. Azob-uqubatlardan qutilishning najot yo'li borligi haqidagi ta'limot.

Bu din milodiy era boshlarida O'rta Osiyoga ham keng yoyila boshladi. Kushonlar saltanati (I-IV asrlar) va Eftaliylar davrida budda dini davlat dini darajasiga ko'tarilgan va O'rta Osiyo hududlariga keng tarqalgan. Budda dini O'rta Osiyo orqali SHarqiy Turkiston, Mo'g'uliston va

Xitoyga yoyilgan.

BUYUK IPAK YO'LI – G'arb bilan Sharqni bir necha asr mobaynida bir biriga bog'lab kelgan yo'llardan biri bo'lib, bu yo'l fanga 1877 yilda nemis olimi K.Rixtgofen tomonidan shunday nom bilan kiritildi. Unga qadar bu yo'l "G'arbiy meridional yo'l" deb atalib kelinardi. Buyuk Ipak yo'li 12 ming km. uzunlikda bo'lib, u Sariq dengiz sohillaridan boshlanib, SHarqiy Turkiston, Markaziy Osiyo, Eron, Mesopotamiya, Suriya orqali O'rta yer dengizi sohillarigacha davom etgan.

Qadimgi va o'rta asr davlatlarining hukmdorlari Ipak Yo'lidagi savdoni o'z nazoratiga olishga doimo harakat qilishgan. I-III asrlarda Ipak yo'li savdosi Kushonlar nazorati ostida bo'lgan bo'lsa, III-VII asrlarda O'rta Osiyo va SHarq orqali o'tgan ipak yo'lining nazorati sug'diylarning qo'lida bo'lgan. VIII asrdan boshlab Ipak yo'lidagi savdo nazorati arablar qo'liga, IX-X asrlarda Somoniylar, XI-XII asrlarda Qoraxoniylar, Saljuqiylar va Xorazmshohlar qo'liga o'tdi. XIII asrga kelib, Chingizxon ipak yo'lining barcha tarmoqlari bo'ylab nazoratni qo'lga kiritdi. Lekin bu davrga kelib, Buyuk Ipak yo'lidagi qizg'in savdo-iqtisodiy aloqalarga putur yetgan edi. XIV asrning 70-yillaridan Amir Temur siyosiy hokimiyatni qo'lga olib, qudratli saltanatga asos solgach, el-yurtda barqarorlik ta'minlandi. Buyuk Ipak yo'lidagi savdo-iqtisodiy aloqalar yangidan rivojlanish pallasiga kirdi.

Buyuk ipak yo'lining nufuzi XVI-XVII asrlarga kelib pasaya boshladi. Buyuk geografik kashfiyotlar tufayli savdo-sotiq quruqlik orqali emas, suv yo'li orqali amalga oshirila boshlandi. CHunki dengiz orqali savdo ancha xavfsiz bo'lib, bundan tashqari Osiyo mamlakatlaridagi o'zaro urushlar va siyosiy beqaror vaziyat ham Buyuk ipak yo'lining inqiroziga sabab bo'lgan.

Buyuk Ipak yo'li birgina iqtisodiy ahamiyat kasb etmay, balki u diniy, madaniy meros yutuqlarini tarqatuvchi, mamlakatlararo diplomatik aloqalarni ta'minlovchi yo'l ham edi.

DAVAN (xit. "da-yuan" – tog'lar orasidagi vodiy) – Farg'ona vodiysidagi qadimgi davlat. Mazkur davlat mil.avv. III asrdan milodiy II asrgacha hukmronlik qilgan. Mil.avv. II-I asrlardagi Xitoy manbalarida keng, obod, boy mamlakat – Davan haqida malumotlar keltiriladi. Davan shahar va voha hokimlarining erkin ittifoqidan iborat davlat edi. Ulug' hukmdor qarorgohi Gushan (hoz. O'zgan shahri deb taxmin qilinadi) bo'lgan. Davan atamasi tarixiy adabiyotlarda milodiy III asrgacha uchraydi. So'ngra Davan o'rniga "Boxan" va "Polona" (mil.V a.) atamalari uchraydi.

Mil.avv. II asr oxiridagi ma'lumotlarga ko'ra Davan aholisi 300 ming kishini tashkil etgan. Davanliklar savdo-sotiq ishlarida mohirliklari bilan nom chiqarishgan. Davanda yetishtiriladigan "samoviy otlar" – SHarqda mashhur bo'lgan. "Samoviy otlar" uchun miloddan avvalgi 104-101 yillarda Xitoy askarlari Davanga ikki marta yurish qilib Ershi shahrini qamal qiladilar. Xitoy-Davan urushlarida xitoyliklar muvaffaqiyatsizlikka uchraydilar.

DALVARZINTYEPA XAZINASI – Dalvarzintepa shahristoni (Surxondaryo viloyati SHo'rchi tumani)dan 1972 yilda O'zbekiston san'atshunoslik ekspeditsiyasi xodimlari tomonidan topilgan xazina. Dalvarzintepa xazinasi – 2 baldoqli sopol ko'zacha (yarim metr chuqurlikda og'irligi 36 kg) dagi har xil oltin buyumlaridan iborat. Oltin buyumlar soni 115 ta, ular yombilar, bilaguzuklar, oltin shodalar va boshqa taqinchoqlardir. Olimlar xazina podsho amaldorlari va boylarga har xil taqinchoqlar tayyorlab beradigan zargarga tegishli bo'lsa kerak, deb hisoblaydilar. Dalvarzintepa hazinasining milodiy I asrga to'g'ri kelishi aniqlangan. Garchi hazinadagi ayrim taqinchoqlar Afg'oniston, Hindiston, Pokistondagi taqinchoqlarga o'xshab ketsa-da, ularning SHimoliy Baqtriya, ya'ni hozirgi O'zbekiston janubida yashagan qo'li gul ustalar tomonidan tayyorlanganligi shubhasizdir. Dalvarzintepa hazinasi ajdodlarimizning qo'shni xalqlar va mamlakatlar bilan qadimdan savdo-sotiq va madaniy aloqada bo'lganligidan dalolat beradi.

DARIK – qadimgi Eron oltin tangasi. Darikning paydo bo'lishini Ahamoniylar podshosi Doro I (mil.avv. 522-486) nomi bilan bog'laydilar. Bir darik (og'irligi 8,4 g) 5,6 g og'irlikdagi 20 ta kumush tanga qiymatiga teng bo'lgan. Bu xildagi tangalarining mamlakatimiz hududidan ham topilganigi qadimdan O'rta Osiyo bilan Eron o'rtasida savdo aloqalari muvjudligini ko'rsatadi.

DABUSIYA – Samarqand va Buxoro oralig'ida joylashgan qo'rg'on (qal'a) lardan biri.

DAVRLASHTIRISH – insoniyat tarixini ijtimoiy-iqtisodiy hayot va turmush tarziga qarab ma'lum davrlarga bo'lish tushuniladi. Sobiq Sovetlar hukmronligi davrida tarix fani, jumladan, vatanimiz tarixi besh davrga bo'lindi:

1. Ibtidoiy jamoa tuzumi davri.
2. Quldorlik tuzumi davri.
3. Feodalizm tuzumi davri.
4. Kapitalizm tuzumi davri.
5. Sotsializm va kommunizm davri.

Bunday davrlashtirishning maqsadi – "jamiyat taraqqiyoti insoniyatni, albatta, "kommunizm"ga olib boradi" degan g'oyani targ'ib qilish edi. Bunday g'oya soxta va xom xayol ekanligini tarixning o'zi isbot qildi.

O'zbekiston tarixini davrlashtirish masalasida akademik A.Asqarov tomonidan taklif etilgan davrlashtirish bugungi kunda eng maqbul va maqsadga muvofiqdir. Olim quyidagi yettita asosiy davrni ko'rsatib o'tadi:

1. Ibtidoiy to'da davri (1 mln. - 40 ming yilliklar).
2. Urug'chilik jamoasi va mulk egaligining shakllanish davri
   (40 ming yillikdan milodiy III-IV asrlargacha).
3. Ilk o'rta asrlar davri (milodiy III-IV asrlardan to IX asr boshlarigacha).
4. O'rta asrlar davri (IX asr boshlaridan to XIX asrning o'rtalarigacha).
5. Mustamlakachilik va milliy uyg'onish davri (XIX asr o'rtalaridan –
   1917 yilgacha).
6. Sovetlar (SHo'ro) davri (1917-1991 yillar).
7. Milliy istiqlol, demokratik va fuqarolik jamiyati qurish
   davri.

DARVESH (f. – benavo, qashshoq, faqir, xudojo'y) – moddiy boylikdan, nafs orzularidan, oiladan, nikohdan voz kechib, dunyo ne'matlarini tark etib, zohidona yashab, haqiqat yo'liga kirgan kishi. Darveshlar umrini Parvardigorga bo'lgan ishq va ibodatga bag'ishlagan odamlardir. Ular tasavvuf tariqatlarining biriga mansub bo'lib, xonaqoh, masjid, qalandarxonalarda yashab, xalq bergan sadaqa-ehsonlar bilan kun kechirganlar.

DIADOXLAR (yun. diadochos – voris, merosxo'r) – Aleksandr vafotidan so'ng hokimiyat uchun o'zaro kurashgan lashkarboshilari. Bu o'zaro kurashlar oqibatida Aleksandr saltanati bir necha qismlarga bo'linib ketadi va qator ellinistik davlatlar (Salavkiylar davlati, Misr, Makedoniya, Yunon-Baqtriya) tashkil topadi.

DIALEKTIKA (yun. dialektike – bahs yuritish san'ati) – tabiat, kishilik jamiyati va tafakkur taraqqiyotining umumiy qonuniyatlari haqidagi fan. Dialektika olamni yagona va yaxlit, unda sodir bo'ladigan hodisalar, voqealar umumiy va o'zaro bog'lanishda, uzluksiz harakatda, ziddiyatli taraqqiyotda bo'ladi, deb tushuntiradi

FALANGA – og'ir nayzalar bilan qurollangan piyoda askarlarning harbiy tartib tuzilishi. Tarixda ilk bor bunday qo'shin spartaliklar tomonidan tuzilgan. Makedoniya falangasi safining uzunasi 26 ta qator jangchilardan iborat bo'lgan.

FANATIK (lot. fanum ibodatxona, fanaticus asabiy, jazavasi tutgan) – 1) g'azabdan o'zini tutib tura olmaydigan mutaasib, xurofotga berilgan kishi; 2) biron-bir ishga yoki g'oyaga mukkasidan ketib qattiq berilgan kishi.

GOTALAR (GATLAR) – "Avesto" ning eng qadimgi qismi bo'lib, payg'ambar Zardushtning "muqaddas madhiyalari" va diniy nasihatlaridan iborat. Gotalarda Zardushtning arxaik (qadimgi) ibora va terminlari so'zma-so'z Yasna kitobiga kiritilgan.

"HOMO SAPIENS" – aql idrokli odam. Zamonaviy qiyofadagi odam- Kromanonlarning fandagi nomi.

"HOMO HABILIS" – ishbilarmon odamlar. Ibtidoiy odamlarning eng dastlabki vakillari bo'lib, ular mehnat qurollari yasay olishlari va ularni xo'jalik hayotida foydalana bilganliklari uchun shunday nomlanganlar.

IMPERATOR (lot. Imperator – lashkarboshi, hukmdor) – monarxlik unvoni. Dastlab Qadimgi Rimda imperium so'zi oliy magistr – konsullar, pretorlar, diktatorlar ega bo'lgan oliy harbiy ma'muriy sud hokimiyatini bildirardi. Avgust (mil.avv. 30 – milodiy 14 yillarda hukmronlik qilgan) va uning titulini qabul qiluvchilar vaqtidan boshlab imperator Rim imperiyasida monarxiya, xarakteriga ega bo'ldi. G'arbiy Rim imperiyasining qulashi bilan (476 y.) Imperator tituli SHarqda – Vizantiya (395-1453 yillar)da saqlanib qolgan. G'arbda u Franklar qiroli Buyuk Karl tomonidan (800 y.), undan keyin Germaniya podshosi Otton I tomonidan tiklangan (962 yil imperator, "Muqaddas Rim imperiyasi"). Keyinchalik, bu unvonni ba'zi boshqa davlatlarning monarxlari qabul qilishgan. (Rossiya imperatori 1721 yildan, Avstriya imperatori 1804 yildan va boshqalar). Yevropa adabiyotlarida "Imperiya" iborasi qator Yevropa davlatlarida mavjud bo'lmagan monarxlarga nisbatan qo'llaniladi (masalan: Xitoy imperatori –

1911 yilgacha, Efiopiya imperatori – 1974 yilgacha, Yaponiya imperatori – hozirgi vaqtgacha).

INAUGURATSIYA (lot. inaugurare – bag'ishlamoq, atamoq) – davlat boshlig'ining shu oliy lavozimni bajarishga kirishishi munosabati bilan o'tkaziladigan tantanali marosim. Dastlab, qadimgi Rim imperatorlarining taxtga chiqishlari munosabati bilan inauguratsiya marosimlari o'tkazilgan. Keyinchalik o'rta asrlardan Rim papasining o'z lavozimini bajarishga kirishishidan oldingi tantanali marosim shunday ataladigan bo'ldi.

KOSHIN, parchin, kafel – binolar, kaminlar va pechlar sirtiga qoplash uchun maxsus pishirilgan sirkor yupqa sopol g'isht yoki chinni taxtacha. Koshin maxsus loydan qoliplarga quyilib tayyorlanadi, xumdonda 1150 temperaturada pishiriladi; turli naqsh, naqsh qismlari tushirilgach, sir beriladi, so'ng maxsus xumdonda pishiriladi.

KOHIN – g'oyibdan xabar beruvchi, bashoratgo'y. Islomdan avvalgi Arabistonda vasvasa holatida Olloh yoki uning vakili – farishta yoki jin bilan muloqot qilgan odam shunday atalgan. Umuman islomdan oldingi dinlarning din xizmatchilari ham kohin deyiladi.

KROMANON – so'nggi (yuqori) paleolit davrida, bundan 40-12 ming yil avval yashagan odam turi. Fanda kromanon odamlari "Homo sapiens" aqlli odam yoki "Neontrop" – yangi odam deb ham yuritiladi. Dastlab Frantsiyaning Kromanon degan joyidan topilganligi uchun shunday nom berilgan.

KUDUNGAR – o'rta asrlarda matolarga ohor (bo'yoq) beruvchi hunarmand. To'qilgan ip-gazlama va shoyini hamda oshlab olingan charmni urib tekislash, silliqlash va unga jilo berish kasbi.

KULTEGIN BITIKTOSHI – marmar bitiktosh, turkiy tildagi yozuv yodgorligi. Eltarish hoqonning o'g'li Kultegin (685-731) sharafiga 732 yilda qo'yilgan. Ulan-Batordan 400 km. janubda joylashgan. Kultegin bitiktoshining o'rtasiga besh burchakli qalqon shaklida, balandligi 64 sm, kengligi 40 sm li lavha o'rnatilgan. Ushbu bitikda Bilga hoqon og'a-inilariga, qarindosh-urug'lariga, xalqqa murojaat qilgan. Hoqonning murojaatidan maqsadi – hokimiyatni mustahkamlash, o'zaro urush-janjallarga chek qo'yish, ittifoq bo'lib yashashga chaqirish bo'lgan.

KUNGURA – ko'shk, qal'a, ark devorlari va qo'rg'onlarning taroq tishi shaklidagi bezatilgan yuqori qismi. Mudofaa devorlarida shinak (o'q otadigan joy), keyinchalik bezak sifatida qo'llanilgan.

KUSHON DAVLATI – milodimizning I-IV asrlarda O'rta Osiyo, Afg'oniston, shimoliy-g'arbiy Hindiston va shimoliy-sharqiy Eron hududlarida hukmronlik qilgan sulola. O'zbek davlatchiligi tarixida Kushonlar davlati saltanat (imperiya) darajasiga ko'tarilgan dastlabki davlat birlashmasidir.

Kushon davlatiga jangovar xunn qabilalarining ta'qibi natijasida SHimoliy-sharqdan Yunon-Baqtriya davlatiga miloddan avvalgi 140-130 yillarda bostirib kirgan yuechji qabilalari asos solganlar. Sug'diyona va Baqtriyaga kelib o'rnashgan yuechjilar Hyumi, SHuanji, Guyshuan, Xise va Dumi kabi yirik, bir-biriga qarindosh xonadonlardan iborat ediki, ular o'rtasida hokimiyat uchun kurashda Guyshuan xonadoni g'olib chiqadi va Guyshuan (Kushon) podsholigiga asos solinadi.

Kushon podsholarining shajarasi qabila sardori Geraydan boshlanadi. Uning vorisi Kudzulla Kadfiz (15-51) va Vima Kadfizlar davrida (51-78) Kushon podsholari mustaqil davlat sifatida o'z nomlarida mis, oltin va kumush tangalar zarb etishni boshlaydilar. Kanishka davrida (78-123) Hindistonning janubiy viloyatlari, Xorazm, CHoch, Farg'ona va hatto, G'arbiy Xitoy ham Kushon davlati tarkibiga kiritiladi. Buddizm dini davlat diniga aylantiriladi. Davlatning poytaxti Dalvarzintepadan (Surxondaryo viloyatida) Peshavor (Hindiston-Pokiston)ga ko'chiriladi. Kanishka podsholik qilgan davrda Kushon saltanati Osiyodagi eng yirik davlat darajasiga ko'tarilgan. Numizmatik manbalarda Kanishkadan keyin Vasishka (4 yil podsho bo'lgan), Xuvishka (32 yil podsho bo'lgan), Vasudeva (34 yil podsho bo'lgan) kabi podsholarning nomlari saqlangan bo'lib, ular ushbu davlat tarixida keskin ajralib turadigan iz qoldirishmagan.

Milodiy IV asrning oxiriga kelib ichki nizolar, g'arbdan sosoniylar davlati va shimoldan ko'chmanchi turkiy qabilalar bergan zarbalar natijasida Kushon podsholigi batamom yemiriladi va barham topadi.

MAROQANDA – Samarqandning miloddan avvalgi IV - milodiy IV asrlarda yashagan yunon tarixchilari (Strabon, Kurtsiy Ruf, Arrian) ning asarlaridagi nomi. Aslida Samarqandning qadimgi nomi Sug'd yozma manbalarida Smarakansa bo'lib, uni yunon tarixchilari Maroqanda deb atashgan.

MARG'IYONA – (qadimgi forscha Margush, Avestoda – Mouru, o'rta forschada – Marv) O'rta Osiyodagi tarixiy-madaniy viloyat. Hozirgi Mari shahri atrofi, Murg'ob daryosi bo'ylari. Parfiya bilan Sug'diyona orlig'ida joylashgan. Viloyatning markazi miloddan avvalgi I ming yillik birinchi yarmida Yoztepa va Arvalitepa, mil.avv. I ming yillik o'rtalaridan Erkqal'a va Gabr qal'a, keyingi davrlarda esa Marv shahri bo'lgan.

MASJID (ar. "sajada" – egilish, itoat etish,

sajda qilib yuzini yerga tegizish) – "sajda qilinadigan, ibodat qilinadigan joy" ma'nosini bildiradi. Mahallalardagi masjidlar shu yer aholisi kundalik namoz o'qish uchun, jamoa masjidlari esa kundalik namoz bilan birga juma va hayit namozlari uchun mo'ljallangan va ularga shaharning markazidan eng yaxshi joylar ajratib berilgan. Ba'zi masjidlar qoshida boshlang'ich maktablar bo'lib, bolalar o'qitilgan. Masjidlar diniy targ'ibot vazifasini o'tagan bo'lsa ham, ularda boshqa turli masalalar ham hal etilgan; oilaviy mojarolarni hal etish, urishganlarni yarashtirib qo'yish, nojo'ya ish qilganlarni to'g'ri yo'lga solish kabi.

Masjidlar yonida baland minoralar bittadan to'rttagacha qurilgan. Bular ko'proq masjidning bezagi uchun bunyod etilgan.

MASSAGETLAR – Kaspiy dengizining sharqiy sohili, Orol dengizi atroflari, Amudaryo va Sirdaryoning quyi oqimida mil.avv. VIII-IV asrlarda yashagan ko'chmanchi qabilalarning yunon adabiyotlarida uchraydigan umumiy nomi. Massagetlar, tadqiqotchilarning fikriga ko'ra aynan sak qabilalarining yirik harbiy-siyosiy uyushmasidir. Olimlar massaget so'zini har xil – "ulug' getlar" (O.Franke) yoki "yirik sak o'rdasi" deb tarjima qilishadi. Ayrim olimlar fikricha "massaget" nomi "masyo" – "baliq" so'zidan kelib chiqqan bo'lib, "baliqxo'rlar" ma'nosini anglatgan. SHuni ta'kidlash joizki, "massaget" so'zining aniq etimologiyasi (kelib chiqishi) masalasi to'liq o'z yechimini topmagan.

S.P.Tolstovning fikricha massagetlar konfederatsiyasi tarkibiga xorasmiylar, apasiaklar, sakaravaklar, sak-amorgiylar, derbiklar, toxarlar (daxlar), osiylar (yatiylar, asianlar, usunlar, yaksartlar) kirgan.

Massagetlar miloddan avvalgi VI asrda yirik harbiy qabila ittifoqiga birlashganlar. Ahamoniylar podshosi Kir II miloddan avvalgi 530 yilda massagetlar yurtiga yurish qilganda o'z ajalini topgan edi. (To'maris jasorati). Massagetlar konfederatsiyasi qadimgi Xorazm davlatining asosiy harbiy kuchini tashkil qilganligi Makedoniyalik Iskandarning O'rta Osiyoga bostirib kelgan davrida ayniqsa, yaqqol namoyon bo'ladi.

MILOD (ar. – tug'ilish), yangi era, bizning era – ko'pchilik mamlakatlarda qabul qilingan yil hisobining boshi va yil hisobi sistemasi (taqvimi). Jahon xalqlari o'tmish tarixdagi voqea-hodisalarni ma'lum tartib, ketma-ketlikda bayon etishga ehtiyoj sezib, o'zlarining yil hisoblarini, taqvim, ya'ni kalendarlarini yaratishgan. Qadimgi Misrda, Mesopotamiya xalqlarida, Hindlarda, Xitoyliklarda, Yunonlarda va qadimgi Rimliklarda o'ziga xos yil hisobi (kalendar) amal qilgan. Jumladan, musulmon dunyosida bugunga qadar amal qilib kelinayotgan hijriy yil hisobi mavjud. O'rta Osiyo xalqlari ham

Movarounnahrga islom dini va islom madaniyati kirib kelishi bilan bir vaqtda asta-sekin hijriy yil hisobidan foydalana boshlaganlar. Vatanimiz tarixining arab istilosidan to XX asr boshlarigacha bo'lgan tarixiy voqealari o'rta asr qo'lyozmalari va boshqa yozma manbalarda hijriy yil hisobi bilan yoritib kelingan.

Turkistonda CHor Rossiyasi va keyinchalik Sovetlar hokimiyati o'rnatilgach, O'rta Osiyoda ham Yevropada amalda bo'lgan milodiy yil hisobi joriy qilindi va bu hozirgacha amalda bo'lib kelmoqda. Milodiy yil hisobi xristian (nasroniylik) dinining payg'ambari Iso alayhissalom (Iesus Xristos)ning tavallud topgan yilidan boshlanadi. "Milod" so'zi arabchadan "tug'ilmoq" degan ma'noni anglatadi. Aniqroq qilib aytadigan bo'lsak, masalan, hozirgi 2008 yil bu Iso payg'ambarning yoshi. Iso payg'ambar tug'ilganidan keyin sodir bo'lgan voqealar milodiy (eramiz), Iso payg'ambar tug'ilishidan oldin bo'lib o'tgan voqealar esa miloddan avvalgi (eramizdan avvalgi) deb yuritiladi.

NEANDERTAL – joy nomi. Neandertal odamlari bundan 100-40 ming yil avval yashashgan. Bu davr odamlarining suyak qoldiqlari birinchi marta 1856 yil Germaniyaning Neandertal vodiysidan topilganligi uchun shunday nom berilgan. Ushbu odam turiga tegishli suyak qoldiqlari va mehnat qurollari O'zbekistondan (Surxondaryoning Teshiktosh g'oridan) ham topilgan.

NEYTRALITET (lot. neutralis – hech kimga tegishli bo'lmagan, o'zgalar bahsiga aralashmaslik) – davlatning halqaro-huquqiy holati bo'lib, davlatlar o'rtasidagi o'zaro urushlar yoki boshqa munosabatlarga aralashmay ular bilan tinchlik aloqalarini saqlab qolishni ko'zda tutadi.

NEOLIT (yun. neos – yangi, litos – tosh) – yangi tosh davri. Miloddan avvalgi 6-4 ming yilliklarni o'z ichiga oladi. Neolit davriga kelib insoniyat dehqonchilik, chorvachilik, kulolchilik, to'qimachilik va boshqa hunarmandchilik sohalarini o'rgandi. Insoniyat tarixida ishlab chiqaruvchi xo'jalik tarixi boshlandi. Bu davrda O'rta Osiyoning janubiy mintaqalarida ilk dehqonchilik madaniyati (Joytun madaniyati), shimoliy mintaqalarida esa ovchi baliqchilar madaniyati (Kaltaminor) shakllandi.

NEONTROPLAR (yun. neos – yangi, anthropos – odam) – yangi odamlar. Zamonaviy qiyofadagi Kromanon odamlari fan tilida shunday yuritiladi.

OKS, Araks, Akes – Amudaryoning yunon manbalaridagi nomi. Qadimda Oksning bir tarmog'i Kaspiy dengiziga, o'rta asrlardan boshlab esa to'liq Orol dengiziga quyila boshlagan. Uning eni 6 stadiy (taxminan 1100 metr) bo'lgan. Iskandar bu daryodan besh kunda kechib o'tgan. Osiyoliklar bu daryoni Omul,

Jayxun, turkiylar O'kuz deb atashgan.

ORIYLAR, ariylar – "erkin" degan ma'noda tarjima qilinadi. "Avesto"ga ko'ra, ariylar ijtimoiy hayotda jamoaning erkin, ozod, jangovar mulkdorlar tabaqasi bo'lib, mana shu tabaqa va uning oila a'zolari o'z urug'-aymoqlaridan farqli o'laroq "ozodlar" ya'ni "oriylar" deb yuritilgan. Ular yashagan yurt oriylar vatani, oriylar kengligi, ya'ni "Aryanam Vaychah" deb nomlangan.

Oriylar Markaziy Osiyo chorvador qabilalarining iqtisodiy yuksalishidagi ko'chmanchilik hayot bosqichining ijtimoiy mahsuli, ularning tashabbuskor va tadbirkor ishbilarmon qatlami, endi shakllanib kelyotgan sinfiy jamiyatning aslzodalar tabaqasi edi. Tarixiy tilshunoslik va arxeologik tadqiqotlarga ko'ra, ular kelib chiqishi jihatidan eroniy til sohiblari bo'lmay, balki turkiyda so'zlashganlar.

Miloddan avvalgi II ming yillikning o'rtalarida Yevroosiyo cho'llaridagi oriylar o'z chorvalariga yangi yaylovlar qidirib, janubga tomon, nafaqat O'rta Osiyoning ichki rayonlariga, hatto Eron va Hindistongacha kirib boradilar.

CHorvador oriylarning shimoliy mintaqalardan kelib Eron adirlariga o'rnashib qolgan joylar "Avesto"da "Ariana" nomini olgan. Eron Ariana so'zining o'zgargan shakli.

"Avesto" va "Rigveda"ga ko'ra, dastlab oriylar Eron va Hindistonga kelganda mahalliy aholiga nisbatan "begona", "kelgindi", "bosqinchi" ma'nosini anglatgan. Keyinchalik esa "xo'jayin", "aslzoda" ma'nosini kasb etgan. Ahamoniy podsholari Kir II va Doro I lar qoyatoshlarga bitilgan bitiklarida o'zlarini "haqiqiy oriy" ekanliklarini alohida ta'kidlab ko'rsatadilar.

"Oriy" atamasi dastlab ijtimoiy ma'noda qo'llanilgan, keyinroq esa ular mahaliy aholi bilan qorishib ketgach, bu so'z yangi etnik ma'no va mazmun kasb etdi, ulardan son jihatdan bir necha marta ko'p bo'lgan Eronning mahaliy aholisi til muhiti ta'sirida oriylar asta-sekin o'z tillarini yo'qotib, eroniylashib ketadilar.

OROMIY YOZUVI – oromiylar miloddan avvalgi II ming yillikning oxiri I ming yillikning boshlarida G'arbiy Osiyoda (Suriya, Falastin, Mesopotamiyaning shimoliy-g'arbida) yashagan xalqlar bo'lib, ular finikiy alifbosi asosida o'z alifbolarini yaratganlar. Harfli yozuv o'zlashtirilishi oson bo'lganligi sababli bu yozuv boshqa xududlarga ham tarqala boshlangan. Ana shu oromiy yozuvi asosida SHarq xalqlari alifbosi shakllangan. Oromiy yozuvlaridan qadimgi fors yozuvi, undan esa qadimgi baqtriya, xorazm va sug'd yozuvlari kelib chiqqan. Oromiy yozuvi va unga asoslangan boshqa yozuvlar alfaviti 22 ta undosh harf asosida qurilgan.

Sug'd yozuvi asosida qadimgi turk, uyg'ur, mo'g'ul va manjur yozuvlari o'sib chiqqan. Uyg'ur yozuvidan boshlab esa, so'z tuzilishida unli harflarni ifodalash ham boshlangan. Bu tajribadan mo'g'ul va manjur yozuvlari foydalanib, o'z yozuvlariga unli tovushlarni kiritishgan.

OQ XUN – G'arbiy Xunlar. Xunlar davlatining so'nggi davrida shimoliy xunlar hukmdori Qutush qabilasi bilan g'arbga Qang' davlati (mil. avv. III - milodiy III a.) tomon chekingan. Mazkur davlatning xoni Qut-ushga va uning odamlariga o'z hududidan joy bergan. Ko'p o'tmay xunlar hozirgi janubiy Qozog'iston hududlarida Yaypan xonligini tashkil etishgan. Miloddan avvalgi I asrning o'rtalarida oq xunlarning boshlig'i CHjichji xitoylar bilan bo'lgan urushda mag'lub bo'lib, u ham Qang' davlatidan panoh togan. Qang' hukmdori ularga hozirgi Jambul (Avliyoota) viloyatidan joy beradi. Yaypan davlati keyinchalik V asr o'rtalarida tashkil topgan Eftaliylar davlatiga qo'shilib ketadi. Umuman, Turkistonga chekinib kelgan xunlar qadimgi turk tilidi "Oq xun" ya'ni "G'arbiy xun" deb nomlangan.

QADIMGI BAQTRIYA DAVLATI – antik davr tarixchilari (Miletlik Gekatey, Gerodot, Ktesiy, Diodor) asarlarida eslatiladigan, Vatanimiz hududida vujudga kelgan eng dastlabki davlat birlashmalaridan biri. Yozma manbalardagi keltirilgan ma'lumotlar va keyingi yillarda olib borilgan arxeologik tadqiqotlar natijasida qo'lga kiritilgan ashyoviy dalillarga asoslanib, qadimgi

Baqtriya podsholigi miloddan avvalgi VII-VI asrlarda mavjud bo'lgan deb xulosa chiqarish mumkin. Knidlik Ktesiy (V-IV a.lar) kitobida Ossuriya podshosi Ninning Baqtriyaga qilgan harbiy yurishlari bayon etilib, shuningdek, u Baqtriya aholisining ko'pligi va katta shaharlarga boyligini ta'kidlab o'tadi. Tarix otasi Gerodot Ahmoniylar podshosi Kir II ning harbiy yurishlari haqida yozib, - "Kir II Lidiyani o'ziga tobe etgach, uning oldida Bobil, Baqtriya xalqi, saklar va misrliklar turar edi", deb ma'lumot keltiradi. Bundan shuni xulosa qilishimiz mumkinki, Gerodot Baqtriyaliklarni o'sha paytning qudratli davlatlari Misr va Bobil bilan bir qatorga qo'yadi. Tarixchi V.Geyder esa Qadimgi Baqtriya o'zining kuch-qudrati jihatidan boshqa yon qo'shnilaridan ancha ustun turib, ular orasida alohida mavqeni egallagan deydi.

Tarixchi olimlarning fikriga ko'ra Baqtriya podsholigi hududi qadimgi Baqtriya o'lkasiga qaraganda birmuncha kattaroq hududni egallagan. Arxeologik va yozma manbalarga qaraganda Baqtriya tarkibiga garchi har doim bo'lmasa ham bir muddat Marg'iyona va Sug'diyona hududlari ham kirgan. Baqtriyaning tabiiy boyliklari uning qo'shnilariga ham ma'lum bo'lgan. Jumladan, qadimgi muallif Diodor Baqtriya podshosi Oksiartning juda boy xazinasi haqida ma'lumot beradi. SHuningdek, Badaxshon la'li sharqda juda qadrlanib, Misr fir'avnlari va Bobil podsholarining saroylarini bezashda keng foydalanilgan.

Qadimgi Baqtriya podsholigi ahmoniylar davlati tomonidan tugatiladi. Olimlar buni ko'proq Kir II ning miloddan avvalgi 545-540 yillardagi O'rta Osiyo hududlariga yurishlari bilan bog'laydilar.

QADIMGI DUNYO TARIXI – jahon tarixini davrlashtirishda, asosan, tarix fanida eng qadimgi davrlardan to milodning V asrlariga qadar, ya'ni Rim imperiyasining qulashi (476 yil)gacha bo'lgan davrning nomlanishi. O'zbekiston tarixining qadimgi dunyo tarixi ham, taxminan shu davrlarni o'z ichiga oladi. Qadimgi dunyo tarixidan keyin o'rta asrlar davri boshlanadi.

QADIMGI XORAZM DAVLATI – Vatanimiz hududidagi ilk davlat birlashmalaridan biri. Tarixiy yozma manbalar ("Avesto") va antik davr tarixchilari asarlarida keltirgan geografik joy nomlarini solishtirgan holda olimlarning aksariyati Qadimgi Xorazm davlati hozirgi zamonaviy Xorazm vohasidan ancha katta hududni o'z ichiga olishini va bu davlat birlashmasining markazi birmuncha janubiy o'lkalar (Marv-Xirot)ga to'g'ri kelishini ta'kidlashadi.

"Avesto" da Vanhvi Daiti daryosi bo'yidagi Ar'yanam Vaychax o'lkasi va u yerda qish uzoq (9 oy) davom etishi haqida ma'lumot bor.

I.Markvart, S.P.Tolstov kabi olimlarning fikricha "Avesto"dagi Ar'yanam-Vaychax (Ariylar o'lkasi) bu "Katta Xorazm" bilan bir narsa, Vanhvi Daiti esa bu Amudaryodir. So'nggi yillarda amalga oshirilgan tadqiqotlar I.Markvart tomonidan XX asrning 30-yillarida fanga kiritilgan "Katta Xorazm" kontseptsiyasi tarixiy voqelikka to'g'ri kelmasligini ko'rsatmoqda.

Fanda miloddan avvalgi I ming yillikning ikkinchi choragida Xorazmda Ahamoniylarga qadar ilk davlat birlashmasi mavjud bo'lgan degan munozarali taxminlar mavjud. Kam sonli yozma manbalar shunga ishorat berardi. Keyingi yillarda olib borilgan arxeologik tadqiqotlar quyi Amudaryo havzalarida sun'iy sug'orishga asoslangan o'troq dehqonchilik madaniyati miloddan avvalgi VI asr oxiri – V asr boshlaridan yuksala boshlanganini ko'rsatadi. Aynan shu davrdan boshlab Xorazmda dastlabki keng ko'lamli sug'orish inshootlari bunyod etilib, ana shu sug'orish tarmoqlari bo'ylab dehqonchilik vohalari va ilk shaharlar (Ko'zaliqir, Qal'aliqir, Xazorasp) paydo bo'ladi. Mazkur ashyoviy dalillar qadimgi Xorazmda davlatchilik yuqorida ko'rsatilgan sanalar atrofida shakllana boshlanganini ko'rsatadi.

Miloddan avvalgi VI-V asrlarda Xorazm Ahamoniylar Eroni tarkibiga kiritilgan. Ammo miloddan avvalgi IV asrning boshlaridan Xorazm o'z mustaqilligini qayta tiklagan va Xorazmda mahalliy davlatchilik an'anasi, xorazmshohlar sulolasining uzluksiz davomiyligi milodiy eraning XI asri boshlariga qadar davom etgan.

QANQA, Qang'dez, Xarashkat, Kanka, Qanqatepa – mil.avv. III asrdan milodiy XII asrlarga qadar mavjud bo'lgan shahar. Xarobalari hozirgi Toshkent viloyatining Oqqo'rg'on tumanida joylashgan. Mil. avv. III milodiy III asrlarda mavjud Qang' davlatining poytaxti bo'lgan. "Avesto"da qayd etilgan tur qabilalarining siyosiy va diniy markazi, qarorgohi Qanqa deb keltiriladi. Xitoy tarixchilari bu shaharni Bityan deb atashgan. O'rta asrlarda Xarashkat nomi bilan yuritilgan. Xarashkat IX-XI asrlarda CHoch viloyatida Binkat (Toshkent)dan keyingi ikkinchi shahar hisoblangan. XII asrda Ohangaron daryosi o'zanining o'zgarishi tufayli Qanqa suvsiz qolib xarobazorga aylangan.

QANG'UY – Xitoyliklar tushunchasida Davan (Farg'ona)dan g'arbda joylashgan yurt. Hozirgi Toshkent vohasi, CHimkent viloyati va Sirdaryoning quyi havzasidagi yerlar. Miloddan avvalgi III asr o'rtalarida bu hududlarda Qang'uy (Qang') davlati tashkil topadi. Unga ko'chmanchi sak qabilalari asos soladilar. Miloddan avvalgi II asrdan boshlab, Qang'uy davlati qudratli davlatga aylanadi va qo'shni yurtlarga nisbatan mustaqil siyosat yurgiza boshlaydi. Bu davlat birlashmasi milodiy III asrlarga kelib parchalanib ketadi.

7 SINF

ABBOSIYLAR – Arab xalifalari sulolasi bo'lib (749-1258), bu sulolaga Muhammmad Payg'ambar (570-632)ning amakivachchasi Abul Abbos as-Saffoh (749-754) asos solgan. Abbosiylar sulolasi o'zidan avvalgi Ummaviylar sulolasi (661-749)dan keyin besh asr, ya'ni, 749 yildan 1258 yilgacha hukm surgan. Xalifa Al Mansur (754-775) xalifalik poytaxtini Damashqdan Bog'dodga ko'chirgan. Shuning uchun ham tarixiy adabiyotlarda Bog'dod xalifaligi degan tushuncha ham keng ishlatiladi.

Abbosiylardan 38 kishi xalifa bo'lgan. Oxirgi xalifa Musta'simni (1242-1258) Chingizxonning nevarasi Xulaguxon 1258 yilda Bog'dodni egallab, taxtdan tushirgan. Abbosiylardan bo'lgan eng mashhur halifalar: Abulabbos Saffox (750-754), Mansur (754-775), Mahdiy (775-785), Xorun Ar- Rashid (785-809), Amin (809-813), Ma'mun (813-833), ... Musta'sim (1242-1258).

AVANGARD (fr. avantgarde – oldindagi qo'riqchi) – harbiy safar vaqtida asosiy kuchlarni qo'riqlash uchun oldinda boruvchi askariy qism. Avangardning vazifasi asosiy kuchlarga dushman tomonidan bexosdan qilinadigan hujumlarga yo'l qo'ymaslik va asosiy kuchlarning jang qilishi uchun sharoit yaratishdan iborat bo'lgan.

Avangard ba'zi o'zbek harbiy qismlarida hirovul, avang'or, mo'g'ul lashkarlarida esa manqlay, mang'lay deb ham yuritilgan.

AVTOXTON (yun. autochtones – mahalliy, shu joyga xos, tub joy aholisi) – geologiya, biologiya, etnografiya fan sohalarida ishlatiladigan tushuncha. Etnografiyada o'zga hududlardan ko'chib kelmay ma'lum bir hududda azaldan yashab kelayotgan mahalliy yer egasi bo'lgan tub joy aholisi.

AYL – Amir Temur qo'shinida o'n kishilik harbiy bo'linma.

AJZCHI – Amir Temur va Temuriylar davrida harbiy safarga otlangan qo'shinni mashaqqatli joylardan olib o'tish maqsadida mahalliy aholi ichidan tanlab olingan yo'l ko'rsatuvchi.

AMIR (ar. – amir, ya'ni hokim, amir) – Islom dinini qabul qilgunga qadar arablarda amir so'zi qabila boshlig'i, harbiy boshliq degan ma'nolarni bildirgan. Arablar ko'p joylarni bosib olib, o'z dinlarini o'tkazganlaridan so'ng, Arab xalifaligiga qaram bo'lgan mamlakatlarni boshqarish uchun tayinlangan hokimni, qo'shin qo'mondoni va yirik lashkarboshilarni amir deb atashgan. Mo'g'ul istilosidan so'ng Oltin O'rdada, keyin O'rta Osiyo va Eronda mo'g'ul va turk qabilalari birlashmasi-ulus boshlig'ining unvoni ham amir deb yuritilgan. Sohibqiron Amir Temurning unvoni ham amir deb atalgan. Hozirda

Amir unvoni arab podsholarining o'g'illariga beriladi (masalan Saudiya Arabistonida). Makkaga ziyorat uchun boruvchi katta guruh yo'lboshchilari ham Amir deb ataladi.

AVRANGBARDOR (fr. – taxt ko'taruvchi) – o'rta asrlarda Xuroson va Movarounnahrda xon va amirlarning xizmatkorlaridan biri. Avrangbardorning vazifasi taxti ravon, ya'ni ko'chma taxtni olib yurishdan iborat bo'lgan.

ARAB XALIFALIGI – Arabiston yarim oroli, Yaqin va O'rta SHarq, SHimoliy Afrika, Ispaniya, Markaziy Osiyo va Kavkazortini o'z ichiga olgan 632-1258 yillarda mavjud bo'lgan davlat. Arab xalifaligini 661-750 yillarda Ummaviylar, 750-1258 yillarda Abbosiylar sulolasi boshqargan. VIII asrning oxiridan Arab xalifaligi parchalana boshlaydi. SHimoliy Afrikada, hozirgi Marokash hududida Idrisiylar (788-985), Tunis hududlarida Ag'labiylar (800-909), Xuroson va Movarounnahrda Tohiriylar (821-873), Safforiylar (873-900) va Somoniylar (875-999) kabi mustaqil davlatlar tashkil topadi. Arab xalifaligi 1258 yilda mo'g'ullar tomonidan tugatiladi.

AMIRI LASHKAR – Temuriylar, Shayboniylar va xonliklar davrida keng tarqalgan eng yuqori harbiy unvon, bosh qo'mondon. Masalan, Qo'qon xonligida amiri lashkar lavozimi yirik harbiy harakatlar davrida mavjud bo'lib, unga odatda mingboshi, otaliq yohud shahzodalar belgilangan.

ANUSHTEGIYLAR – xorazmshohlar davlatini boshqargan sulola. Saljuqiylarning Xorazmdagi noibi Anushtegin (? - 1097) nomidan olingan. Anushteginning vorislari Xorazmni mustaqil davlatga aylantirib, 1097-1231 yillarda Anushteginiylarning qudrati shu darajada ortdiki, xatto ular endi "xorazmshoh" degan unvonni ep ko'rmay, o'zlarini "sulton" deb atay boshladilar. Sulola vakillari: Qutbiddin Muhammad (1097-1127), Otsiz (1127-1156), El Arslon (1156-1172), Takash (1172-1200), Alouddin Muhammad (1200-1220), Jaloliddin (1220-1231).

ANSORLAR (ar. – yordamchilar, safdoshlar) – islom tarixida 622 yilda Makkadan Madinaga ko'chib kelgan musulmonlarga va ularning payg'ambari Muhammad sallallohu alayhi vasallamga yordam bergan islom dinini qabul qilgan madinalik avs va hazraj qabilalarining a'zolariga nisbatan qo'llaniladigan nom. Ansorlar Makkadan ko'chib kelgan muxojirlar bilan birga ilk musulmonlar jamoasini tashkil etishgan.

ARK – qadimgi davr, o'rta asrlarda hamda so'nggi davrda O'rta Osiyo hududida shaharlarning hokimlar joylashgan ichki mustahkamlangan qismi – "o'rda", tsitadel. Yozma tarixiy manbalarda ko'xandiz, diz, koh, qasr, qal'a, hisor nomlari bilan ham tilga olinadi. Arkda asosan hukumat idoralari, amaldorlarning uylari, devonxona, tanga zarb qiladigan zarbxonalar ark ichida bo'lgan. Odatda, ichki shahar – ark ham mudofaa devori bilan o'rab olingan.

AFRIG'IYLAR – Xorazmda 305-995 yillarda hukmronlik qilgan sulola. Afrig'iylarning poytaxti dastlab Tuproqqal'a, keyinchalik Kot shahri bo'lgan. Abu Rayxon Beruniy o'zining "Qadimgi xalqlardan qolgan yodgorliklar" asarida Afrig'iylar sulolasiga oid 21 ta Xorazmshoh nomini tilgan olgan.

712 yilda Xorazmni arablar egallashga muvaffaq bo'ladilar. Xorazmda yangi din va islom madaniyati yoyila boshlaydi. Siyosiy hokimiyat arablar qo'liga o'tgan bo'lsada, hudud boshqaruvida mahalliy feodal aristokratiyaning o'rni saqlanib qolgan. Afrig'iylar sulolasining oxirgi vakili "Jafokash" Abu Abdulloh Muhammad 995 yilda SHimoliy Xorazm (Urganch) amiri Ma'mun ibn Muhammad tomonidan poytaxt Kat shahri egallangach, taxtdan ag'dariladi.

AFROSIYOB – mifologik obraz. Avestoda Afrosiyob Frangxrasyan deb atalgan. Ushbu kitobda Afrosiyob shohlik ilohiy martabasi – farn (xvarno)ni qo'lga kiritish uchun afsonaviy Vorukasha dengizi tubiga tushishga ahd qilib, samarasiz uringan obraz sifatida namoyon bo'ladi. Bu mavzu "SHohnoma"ga ham o'tgan. Lekin Afrosiyobning Eron podshohlari bilan jangga kirishuvi – ya'ni Eron bilan Turonning raqobati g'oyasi Avestoda yo'q. Afrosiyobni Eron shohlarining dushmani etib ko'rsatish g'oyasi yozma adabiyotga birinchi bo'lib, Firdavsiy "SHohnoma"sida uchraydi. Bu talqinni Firdavsiy zamoni (X-XI asrlar) uchun xos shimoldagi turk davlatlari bilan eroniy davlatlar o'rtasidagi harbiy-siyosiy muholiflikning oqibati deb qarash mumkin. Afrosiyob Turon podshohi degan tushuncha tufayli Samarqandning qadimiy qo'rg'oni uning nomi bilan bog'lanadi.

AFSHIN – Ustrushona (hozirgi Jizzax va O'ratepa viloyatlari) hokimlarining arablar istilosidan oldingi unvoni. Oxirgi afshin Haydar ibn Kovus xalifa Mu'tasimning (833-842) lashkarboshisi bo'lgan. Xalifalik oldidagi xizmatlari evaziga xalifaning e'tiboriga sazovor bo'lgan. Biroq, 841 yil iyunda islomdan qaytganlikda ayblanib, o'lim jazosiga hukm qilingan.

AFLOTUNI ZAMON" – Ulug'bek rasadxonasida faoliyat yuritgan mashhur astronom va matematik olim Qozizoda Rumiyni (1360-1437) zamondoshlari shunday nom bilan ulug'lashgan.

ASSIMILYATSIYA (lot. assimilatio – o'xshatish, qiyos, tenglashtirish) – etnografiya va sotsiologiyada qabila, elat yoki xalqlarning bir-biriga qo'shilib, aralashib ketishi. Bu jarayonda qorishib ketgan ikkita etnik qatlamdan biri o'z tili, madaniyati yoki boshqa o'ziga xos etnik belgisini ikkinchisi foydasiga yo'qotib yuboradi.

ASTROLYABIYA, USTURLAB (yun. astron – yulduz, labe – ushlab, tutib olish) – joyning geografik koordinatalarini, vaqtni, yulduzlarning chiqish va botish paytlarini, yulduz va sayyoralarning o'rni va balandligini o'lchaydigan, shuningdek, astronomiyaning boshqa masalalarini hal qilishda ishlatiladigan ko'chma astronomik asbob. Astrolyabiya uzunlik va kengliklarni aniqlash uchun XVIII asrga qadar ishlatib kelingan.

ATEIZM (yun. "a" – inkor, fr. theos – xudo) – Dinni, diniy ta'limotni, xudoni, umuman ilohiy kuchlarga e'tiqod qilishni inkor etish; dahriylik. Marksizm-leninizm g'oyalari asosida ateizm sobiq sho'rolar davrida kommunistik partiya tomonidan ommaviy ravishda targ'ib qilingan.

Din har bir jamiyat, davlat va mamlakatning madaniy, ma'naviy, ruhiy hayotida hamma vaqt ma'lum o'rinni tutgan va bundan keyin ham shunday bo'lib qoladi.

ATRABON – otashparastlarning ibodatxonalarida doimo yonib turadigan muqaddas olov – "azarxo'rra"ga o'tin tashlab, kulini olib turadigan kohin.

ATTASHYE(fr. attacher – qo'shib qo'yilgan, biriktirilgan) – biron bir soha mutaxassisi sifatida zimmasiga diplomatik vazifalar yuklangan davlatning rasmiy vakili.

ATTOR (ar. – atir-upa sotuvchi) – dastlab atir-upa va boshqa xushbo'y pardoz-andoz mollari sotuvchi kishiga nisbatan ishlatilgan. Xonliklar davrida kundalik hayotda kerak bo'ladigan barcha mayda-chuyda mollar bilan savdo qiladiganlar ham attorlar deb yuritilgan.

ARLOT, arlat, allot – o'zbek urug'laridan biri. Manbalarga ko'ra, CHingizxon tomonidan Chig'atoy ulusini boshqarish uchun ajratilgan 4 ming kishilik qo'shin boshliqlaridan biri ham arlot urug'idan bo'lgan. Arlotlar Amudaryodan janubda, SHimoliy Afg'oniston hududlarida o'rnashganlar. Keyingi asrlarda hozirgi O'zbekistonning janubiy viloyatlari, shuningdek Xorazmga ko'chib o'tganlar. Buxoro viloyatidagi Olot shahrining nomi ham "arlot" so'zining fonetik o'zgarganidir.

ARNA (qad. er. ar(ir) – suv, sanskritcha arnas – suv oqimi) – O'rta Osiyoda keng tarqalgan tarixiy termin. Xorazmda bosh kanalni, Zomin, Jizzax, G'allaorol tumanlarida kichik jarni, Qozog'istonda daryo o'zanini, Zarafshon etaklarida quruq o'zanni, boshqa joylarda daryo irmoqlarini arna deb atashadi.

BAYT UL-HIKMAT" – Donishmandlar uyi. Arab xalifasi Ma'mun ibn Xorun ar-Rashid zamonida (813-833) Bag'dodda tashkil etilgan islom SHarqining o'sha davrdagi fanlar akademiyasi. Buyuk vatandoshlarimizdan al-

Xorazmiy (786-850) va Ahmad al-Farg'oniylar (797-865) Ma'mun akademiyasida faoliyat yuritganlar. Xususan, al-Xorazmiy ushbu akademiyaning mudiri bo'lgan.

BESHBALIQ, Beshbalig' (turkiycha Beshshahar; xitoycha Beytin (SHimoliy shahar) – SHarqiy Turkistondagi shahar (I - XIV asrning birinchi yarmi). Xitoydagi TSzimus shahridan 10 km. shimoldagi qishloq yaqinida xarobalari saqlangan. "Hudud ul-olam" asarida Beshbaliq Panjikat (Besh shahar) deb qayd etilib, to'qqiz o'g'uzlar qabila boshliqlarining yozgi qarorgohi sifatida ta'riflangan. Mo'g'ullar istilosi arafasida uyg'ur hoqonligining markazlaridan biri bo'lgan. Mo'g'ullar davlati paytida Beshbaliq Chig'atoy ulusi tarkibida bo'lib, uning hokimi Mas'ud Yalavoch bo'lgan. SHahar Chig'atoy ulusidagi o'zaro urushlar natijasida vayron bo'lgan.

BINKAT (f. "bin" – ko'rinish, sug'd. "kat" – shahar, qal'a, qo'rg'on) – ko'rinarli shahar. SHosh (CHoch) tarixiy viloyatining markaziy shahri (IX-XII asrlar). Xarobasi hozirgi Toshkentning eski shahar qismidagi binolar ostida saqlangan. X asr tarixiy ma'lumotlariga ko'ra, Binkatning uzunligi ham, kengligi ham 1 farsax (6-7 km)dan bo'lib, ko'xandiz (ark), shahriston (madina), ichki va tashqi rabotlardan tashkil topgan. Binkat obodonligi va bahavoligi bilan sharqda shuhrat qozongan. Binkat X-XI asrlardan Toshkent nomini olgan.

BUXORXUDOT (Buxoro va qad. f. "xudot" – o'zi hokim, ega) – ilk o'rta asrlarda Buxoro mahalliy hukmdorlari. "Buxorxudot" atamasi dastlab "Buxorxudot" ("Buxoro hokimi") shaklida bo'lgan. VIII asrda Buxoroga islom kirib kelgach, arablar uni Buxorxudot deb o'z tillariga moslab olganlar. Buxoroni arablar bosib olganidan keyin (707-708 y) buxorxudot hukmdorlarligi o'z mavqeini yo'qotdi. VII asr oxiri VIII asr boshlarida Buxoroda Bidun, Tug'shoda, Buniyot va Sikun ismli buxorxudotlar hukmronlik qilganlar.

BUG'RO(LAR) (turk. "bug'ro" – ikki o'rkachli tuya) – Qoraxoniylar davlatining tashkil topishida muhim rol' o'ynagan yag'mo qabilalarining totemi-ajdodi ibtidosi. X-XI asrlarda Qoraxoniylar xoqonligining g'arbiy qismi (Yettisuv, Qoshg'ar va Janubiy Qozog'iston)ni hoqon nomidan idora qilgan sulola xonlarining laqabi. Uning yirik vakillari Abdulkarim Sotuq Bug'roxon va uning nabirasi Xorun ibn Muso davrida Yettisuv va Qoshg'ardagi ko'pchilik turkiy xalqlar islom dinini qabul qiladilar. Xorun ibn Muso Somoniylar davlatida kuchayib ketgan o'zaro kurashdan foydalanib, 992 yil may oyida Movarounnahrni egalladi.

BAND (f. – bog'lamoq, to'smoq, berkitmoq) – 1) to'g'on, suv ombori. masalan, X asrda hozirgi Forish tumani Pasttog' darasida toshdan qurilgan Xonbandi, Nurota tumanidagi G'ishtband (XII asr), Abdullaxon bandi (XVI asr); 2) qum bosishni to'xtatish uchun qurilgan to'siq, ihota; 3) tog' oralig'idagi juda tor yo'l (masalan, Darband aslida "Darai band").

BANDARGOH (f. – kema to'xtaydigan joy) – 1) CHo'l, dasht yoki tog'li yerlarda yo'llar kesishgan, savdogarlar, umuman kishilar qo'nib o'tadigan, savdo qiladigan gavjum joy; karvonsaroy; 2) Daryo va dengiz qirg'oqlarida kemalar to'planadigan port va unga kirish-chiqish yo'llari.

BANNO – o'rta asrlarda imorat quruvchi usta.

BANOKAT, Sharqiya, Shohruhiya – Sirdaryoning o'ng sohilida, Ohangaron (Iloq) daryosining Sirdaryoga qo'shilish joyidagi karvon yo'li yoqasida joylashgan qadimiy shahar xarobasi (I-XVIII a.). Tadqiqotlarga ko'ra, dastlab (I a.) uning mudofaa devorlari bo'lmay, atrofdagi daryo va jarliklar tabiiy mudofaa vazifasini bajargan. Ilk o'rta asrlar (V-VI a.)da burjli mustahkam mudofaa devori bilan o'ralgan. XII-XIII asr boshlarida shahar yanada kengaygan. Mo'g'ullar istilosi davrida Banokat vayron bo'lgan. 1392 yilda Amir Temur Banokatni qayta tiklab, o'g'li SHohrux sharafiga SHohruxiya deb atagan. O'zaro urushlar oqibatida XVIII asr boshlarida vayron bo'lgan.

BANTAK – ilk o'rta asrlarda erkak qullar

toifasi.

BARANG'AR, barang'or, burong'or (turkiycha – o'ng) – qadimgi turk-mo'g'ul xalqlari hayotida ishlatilgan harbiy-ma'muriy tushuncha: 1) CHingiziylar saltanati barpo etilguniga qadar mo'g'ullar mamlakati o'ng qanot – barang'ar va so'l qanot – juvang'arga taqsimlangan. Chingizxon saltanatida ham bunday bo'linish saqlangan. Jo'ji ulusi ham o'ng va chap qanotlarga bo'lingan. O'ng qanot – Oq O'rda Botu va SHaybon, so'l qanot Ko'k O'rda Jo'jining katta o'g'li O'rdaga tegishli mulklardan iborat bo'lgan; 2) Amir Temur va temuriylar, o'zbek xonliklari davrida qo'shinning o'ng qanoti.

BARRIKADA (fr. barricade – to'siq, g'ov) – Ko'cha janglarida, shuningdek, ko'prik va tog' yo'llarida duch kelgan narsalardan (xoda, tosh, daraxt, qum to'ldirilgan qop va b.) foydalanib, himoya, mudofaa maqsadida qurilgan to'siq, g'ov.

BARTER (ing. barter – tovar ayirboshlash) – pul mablag'lari ishtirokisiz bevosita tovarga tovar ayirboshlash va shu haqdagi shartnoma.

BATRAK – pomeshchik yoki quloq xo'jaligida yollanib ishlaydigan dehqon.

BAXSHI (sanskrit. – bhishku – budda ruhoniysi, donishmandi; duoxon; darvesh) – 1) xalq qo'shiq va dostonlarni yoddan kuylovchi va ularni avloddan-avlodga yetkazuvchi shoir, oqin.

2) Buxoro xonligida qurilish uchun berilgan mablag'larning hisob-kitobini nazorat qiluvchi lavozimli kishi.

BAQQOL (ar. – oziq-ovqat mollari, sabzavot sotuvchi) – o'rta asrlarda bozor, guzar va mahallalardagi do'konchalarda mayda-chuyda ro'zg'or mollari, kundalik yegulik oziq-ovqat maxsulotlarini sotuvchi mayda savdogar.

BIBLIYA (yun. biblia – kitoblar) – yahudiylik, xristianlik va islomda muqaddas hisoblangan diniy kitoblar va risolalar majmui. Bibliya ikki qismga – Qadimgi ahd va Yangi ahdga bo'linadi. Qadimgi ahd yahudiylikda ham, xristianlikda ham muqaddas sanalgan va eng qadimgi davrlarda yaratilgan diniy adabiyotlardan, Yangi ahd esa, faqat xristianlar muqaddas deb hisoblaydigan diniy asarlardan iborat.

Bibliya miloddan avvalgi VIII asr va milodiy eraning II asrlarda turli joylarda oromiy hamda yunon tillarida yozilgan.

Bibliya eng qadimgi adabiy yodgorliklardan biri bo'lib, diniy pand-nasihatlar, aqidalar, bashoratlar, duolar, salnomalar, falsafiy dostonlar, hikoyat, rivoyat va maktublardan iborat.

BID'AT (ar. – yangilik, yangilik kiritish, dinga qarshi hatti-harakat) – diniy aqidalarga kiritilgan o'rinsiz isloh, dinga xilof yangilik, dinda keyinchalik paydo bo'lgan narsa.

BIJANAKLAR, pecheneglar – Itil (Volga)

va Yoyiq (Ural) daryolari bo'ylari, Orol dengizi oralig'idagi dashtlarda hamda Kaspiy dengizining shimoli va sharqida mil. I ming yillikning ikkinchi yarmida yashagan turkiy qabilalar birlashmasi. Bijanaklar qadimgi Qang' davlati aholisi qang'arlarga mansub bo'lganlar. VIII asrda Yoyiq va Itil oralig'ida qang'li, sarmat va boshqa qabilalarning birlashuvidan yirik bijanak-qang'li ittifoqi tashkil topadi. IX asr oxirida qipchoq va o'g'uzlarning siquvi natijasida bijanaklarning asosiy qismi janubiy rus dashtlariga, shimoliy Qora dengiz bo'ylariga ko'chib o'tib, Kiev Rusiga muttasil xavf solib turganlar. 1036 yilda Yaroslav Mudriy bijanaklarga qattiq zarba bergach, ularning bir qismi Vengriyaga ko'chib o'tadi. Bijanaklarning Itil-Volga oralig'ida qolgan qismi keyinchalik Dashti Qipchoq o'zbeklari tarkibiga singib ketgan va hozirgi qoraqalpoq, turkman va o'zbek xalqlarining etnogenezida ishtirok etganlar.

DEHQON (f. – katta yer egasi, zamindor; qishloq hokimi) – ilk o'rta asrlarda katta yer egasi, hukmron tabaqa. "Qishloq hokimi" degan ma'noni anglatadi. O'rta asr Yevropasidagi feodallar tabaqasiga to'g'ri keladi.

XI-XII asrlarga kelib (Qoraxoniylar davrida) dehqon atamasi ilgarigi nufuzli boy yer egasiga emas balki oddiy qishloq xo'jaligining erkin ziroatkor jamoasi a'zolariga nisbatan qo'llanila boshlangan.

BUDUN – Turk xoqonligi davrida ko'chmanchi chorvador aholi.
maxsus burjlar ham bo'lgan.

BUT – 1) sanam – diniy sig'inish ob'ekti hisoblanuvchi xudo yoki ruhning tasviri; 2) ikona – xristianlikdagi Iso, Bibi Mariyam va avliyolar tasviri; 3) krest (salib) – xristianlik ramzi.

BO'NAK – 1) biror ish yuzasidan ish beruvchi (buyurtmachi)lar ish bajaruvchilarga oldindan beradigan qarz; 2) o'rta asrlarda ishga yollangan hunarmand yoki chorikor dehqon mehnatiga oldindan beriladigan haq (avans).

DARBON (f. – darvozabon, eshik soqchisi) – 1) o'rta asrlarda O'rta Osiyoda eshik yoki darvoza soqchisi, darvozabon. Qo'rg'on, qal'a yoki shahar darvozalari belgilangan vaqtda darbonlar tomonidan ochilgan va yopilgan; 2) Buxoro amirligida saroy xizmatchisi; Buxoro hayotini zimdan kuzatib, poytaxt xavfsizligini ta'minlab turuvchi harbiy qism va tegishli qurol-yarog' mutasaddisi. Darbon ixtiyorida zindon yoki Arkda qamalgan mahbuslar ham bo'lgan; amirlik uchun xavfli hisoblangan jinoyatchilarni so'roq qilgan. Darbon to'pchiboshi yoki "to'pchi boshiyi Arki oliy" ham deb atalib, qushbegi bilan ikkalasi har qanday vaziyatda ham Arkni tark etmasliklari lozim bo'lgan.

DUG'LAT – qadimgi ko'chmanchi-chorvador turkiy qabilalardan biri. Ular XIII asrda CHig'atoy ulusining sharqiy mintaqalarida yetakchi qabilalardan biri bo'lgan. Dug'latlar SHarqiy Turkistonda, Issiqko'lning janubida, Farg'ona vodiysining shimoliy tumanlarida ko'chib yurganlar. Mo'g'uliston davlatiga itoat qilmagan dug'latlar o'z mustaqilliklari uchun betinim kurashib, 1427-1428 yillarda Qoshg'arni egallaydi va bu viloyatni to XVI asrning 1-choragiga qadar mustaqil idora qiladi. Zahiriddin Muhammad Boburning onasi Qutlug' Nigorxonim dug'latlardan bo'lgan. Dug'latlar hozirgi o'zbek, qozoq va qirg'iz xalqlarining tarkibiga singib ketganlar.

DIGIR – chig'ir (charxpalak)ga bog'lanadigan ko'za.

DIZAK – (sug'd. – kichik qal'a) – Jizzax shahrining o'rta asr tarixiy manbalaridagi nomi. X asrda Dizak Faknon rustoqining tekislikda joylashgan shahri bo'lib, Ustrushonaning Panjikent va Zomindan keyingi uchinchi shahri bo'lgan. Dizak shimoldagi ko'chmanchi qabilalarga qarshi kurashuvchi islom g'oziylari to'planadigan yer sifatida mashhur bo'lib, ular uchun bu yerda ko'plab mehmonxona va rabotlar qurilgan.

DO'RMON – o'zbek qavmlaridan biri. Do'rmon mo'g'ulcha to'rt demakdir. To'rtta urug'dan tashkil topganligi uchun shunday atalgan bo'lishi ehtimol. Do'rmon qabilasi Dashti Qipchoqdagi O'zbek ulusida nufuzli qabilalardan hisoblangan. Ular XVI-XVII asrlar davomida

Dashti Qipchoqdan O'zbekiston, Tojikiston va Afg'oniston hududlariga kelib o'rnashganlar. Do'rmon qavmining tarkibida oq qo'yli, uvoq, uch urug', ko'k chelak, no'g'ay, gurdak, oy tamg'ali va boshqa bo'linmalari bo'lgan va ular O'zbekistonning turli viloyatlariga yoyilib joylashib, o'zbek xalqi tarkibiga singib ketganlar.

ETNONIM (yun. etnos – xalq, onyma – ism, nom) – urug', qabila, elat, xalq, millat va b. xil etnik uyushmalarning nomi.

EFTALIYLAR, eftalitlar, eftallar, xaytallar, abdallar – O'rta Osiyo va unga yaqin mamlakatlar xalqlarining etnogenezi va tarixida muhim rol o'ynagan yirik qabilalar uyushmasi. Ularning kelib chiqishi haqida turli fikrlar bayon etilgan. A.N.Bernshtamning fikricha, eftaliylar tarkib topgan yerlar o'rta va quyi Sirdaryo hamda Amudaryoning yuqori havzasidir. S.P.Tolstov esa ularni Orol bo'ylaridan kelib chiqqan deb hisoblaydi. Garchi Eftaliylarning tarkib topish joyi qat'iy aniqlanmagan bo'lsa-da, ular turkiy etnik elementlar aralashgan O'rta Osiyolik qabilalar negizida shakllanganligi ma'lum. Taxminan 457 yili Vaxshunvor (Axshunvor) Eftalon boshchiligidagi eftaliylar CHag'oniyon (Surxondaryo vil.Termiz shahridan shimolidagi yerlar), Badaxshon va Toharistonda o'z hokimiyatini o'rnatdilar. Xuroson yerlari uchun Eftaliylar Eron Sosoniylar davlati (224-651) bilan qattiq urushlar olib borganlar. VI asrning oxirlarida Eftaliylarning O'rta Osiyodagi hukmronligiga Turk hoqonligi barham beradi. **ESHON** – ulug' avlodlarning va so'fiylik oqimidagi diniy rahnomalarning faxriy unvoni. Eshonlar musulmonlar jamoasining boshlig'i, murabbiysi, shuningdek, darveshlarning ham diniy murabbiysi hisoblangan. O'rta asrlarda so'fiylik oqimi rahnomalariga murojaat qilishda ularning ismlari o'rniga "eshon", ba'zan "pir" so'zlari ishlatilgan.

FARZ – shariatda hamma musulmonlar bajarishi shart bo'lib, qat'iy dalillar, ya'ni oyat va hadislar bilan isbotlangan diniy hukmlar. Masalan, namoz, ro'za, haj, zakot.

FARSAH – SHarqda, jumladan, O'rta Osiyoda qadimdan ishlatilib kelgan masofa o'lchov birligi. Bir farsah 9-12 ming qadamga yoki 6-8 km ga teng bo'lgan.

GO'RXON – (turk. va mo'g'. "qur – g'ur" majlis, qabilalar birlashmasi). Ilk o'rta asrlarda (V-VII a.) Markaziy Osiyodagi ba'zi ko'chmanchi xalqlarda teng huquqli qabilalar ittifoqiga rahbarlik qiluvchi xon unvoni. Keyinchalik Qoraxitoy xonlarining faxriy laqabi ham gurxon (go'rxon) deb atalgan.

HAVORIYLAR – islomga ko'ra, Iso payg'ambarning eng yaqin shogirdlari, izdoshlari. Xristian (nasroniy)larda ular apostollar deb atalib, xristian dinining targ'ibotchilari hisoblanadi. Xristian dinining muqaddas kitoblarida 12 ta havoriy (apostol) tilga olinadi.

HAYILBOSHI – otliq askar bo'linmasining boshlig'i. Somoniylar va Saljuqiylar davrida saroy g'ulomlaridan tuzilgan otliq gvardiya boshlig'i.

HAMAL – quyoshning yillik ko'rinma harakat yo'lidagi o'n ikki burjdan biri.

HANAFIYLIK – sunniylikdagi diniy-huquq mazhablaridan biri. Abu Hanifa an-No''mon (VIII asrda yashagan) asos solgan. Iroqda vujudga kelib, islom tarqalgan barcha mamlakatlarda, jumladan, Xuroson va Movarounnahrda ham keng tarqalgan. Burhoniddin Marg'iloniyning "Hidoya" to'plami bu mazhabning asosiy to'plamlaridan biri sifatida tanilgan. Abulhasan Ali ibn Ismoil al-Ash'ariy (873-915) va Abu Mansur Muhammad ibn al-Moturidiylar ham ushbu mazhabning yirik vakillari bo'lishgan. Hanafiya qonunlari nisbatan yumshoqroq va qulayroqligi, xalqlarning mahalliy an'analarini e'tiborga olganligi sababli keng yoyilgan. Sunniylik yo'nalishiga mansub bo'lgan musulmonlarning uchdan bir qismidan ko'prog'i bu mazhabga kiradi. U bir necha arab davlatlarida, Afrikaning ayrim mamlakatlarida, Turkiya, Hindiston, Xitoy, Pokiston, Bangladesh, Afg'oniston, O'rta Osiyo, Tatariston musulmonlari orasida keng tarqalgan.

HANBALIYLIK – sunniylikdagi diniy, huquqiy mazhablardan biri. Ahmad ibn Hanbal asos solgan. Hanbaliya huquq tizimi o'ta torligi, har qanday ko'rinishdagi "yangilik"ka, diniy masalalarda erkin fikr yuritishga qarshiligi, shariat normalariga rioya etishda qat'iyligi bilan ajralib turadi. SHuning uchun ham bu mazhab keng tarqalmagan. X asrda Eronda, XII asrdan XV asrgacha Suriya va Falastinda hanbaliya izdoshlari ko'p bo'lgan. Undan keyingi asrlarda tarafdorlari kamayib ketgan. XVIII asrda paydo bo'lgan vahhobiylar hanbaliya tarafdorlari bo'lib chiqqanlar. Vahhobiylar Saudiya Arabistonida hokimiyatni qo'lga olgach (XX asrning 20-yillarida), Hanbaliya qonunlarini amalga kiritganlar. U yerda bu mazhabning ilk islomga xos qonunlari hozir ham amalda. Hanbaliya Saudiya Arabistonidan boshqa mamlakatlarda kam uchraydi.

HANIFLAR – islom dini vujudga kelmasdan ilgari arablar orasida yakkaxudolik g'oyasini targ'ib qilgan shaxslar. Muhammad (s.a.v) (570-632) ham o'z targ'ibotini haniflardan biri sifatida boshlagan. VIII-IX asrlardan boshlab musulmon adabiyotida haniflar ko'pincha "musulmonlar", islom dini esa "haniflik dini" manosida ishlatila boshlangan.

HARAM (ar. – man qilingan hudud, muqaddas, aziz joy) – 1) musulmonlarda muqaddas deb hisoblangan, qon to'kish, qurol olib kirish ta'qiqlangan joy, Ka'ba atrofi. 2) podsho, xonlarning xos joyi, ichkari hovli, xonadon sohibining xotin va kanizlari yashaydigan qismi. Boshqalar uchun kirish man etilgan joy.

HAFTIY|AK (f. – yettidan bir) – Qur'oni karimning yettidan bir qismi bitilgan kitob. Yosh qorilarga qulay bo'lsin uchun Qur'on suralaridan bir nechtasi (13-14 ta) tanlanib, qiroat kitobi shakliga keltirilgan. O'rta asrlar Turkiston maktablarida bolalar arab alifbosini o'zlashtirganlaridan so'ng o'rgatila boshlangan. Haftiyakdan so'ng Qur'oni karimni o'qishga o'tilgan.

HIJRIY YIL XISOBI (ar. "hijrat" – ko'chmoq) – musulmonlar yil hisobi. Muhammad Payg'ambarning Makkadan Madinaga ko'chishi (622 yil 16 iyul) bilan bog'liq. SHu sanadan musulmon kalendarining birinchi yili boshlanadi.

Hijriy yilni milodiy yilga o'tkazish uchun uni 0,97 ga ko'paytirib yaxlitlash va 622 ni qo'shish kerak. Masalan, Abu Rayxon Beruniy hijriy 362 yilda tug'ilgan. 362 x 0,97 = 351,14; 351 + 622 = 973. Demak, Beruniy tavalludi milodiy 973 yil.

Milodiy yilni hijriy yilga o'tkazish uchun undan 621 ni ayirish va chiqqan sonni 1,03 ga ko'paytirish va yaxlitlash lozim. Masalan: Alisher Navoiy tavallud topgan 1441 yilni hijriyga o'tkazish uchun quyidagi amal bajariladi:

1441 – 621 = 820. 820 x 1,03 = 844,6.

Barcha natijalar taqribiy, bir yilga farq qilish

mumkin.

HIROVUL (mo'g'. – yakkalanmoq, uzoqlashmoq) – qo'shinning ilg'or qismi, avangardi. Amir Temur yurishlariga oid forsiyda bitilgan tarixiy manbalarda qayd etilgan. Eski o'zbek tilida u irovul (eravul), keyinchalik mo'g'ulcha manglay tamasi bilan almashgan. Hirovulga janglarda suyagi qotgan, tajribali, bahodir jangchilar jalb etilgan, atoqli sarkardalar qo'mondonlik qilgan.

HOJIB (ar. – xizmatkor) – 1) Ummaviylar (651-750) davridan e'tiboran, ko'pgina islom davlatlarida mavjud bo'lgan lavozim. Barcha turkiy davlatlarida bu mansab amalda bo'lgan. Somoniylar, Qoraxoniylar, Saljuqiylar kabi o'rta asr saltanatlarida hukmdor qabulxonasi boshlig'i, eshik og'a. Saroy kotiblari, hazinachi va boshqalar unga bevosita bo'ysunganlar. Xorijiy yurtlardan kelgan elchilar hukmdor qabuliga kirishdan oldin hojib bilan uchrashishgan. Mo'g'ullar davridan e'tiboran hojib vazifasini bajaruvchi shaxs "shig'ovul" atamasi bilan almashgan; 2) O'rta Osiyo xonliklari davrida darvozabon. Buxoro amirligida darvozabon darbon deb yuritilgan.

IBN (ar. – o'g'il) – erkak kishini o'z otasiga nisbat etib ko'rsatuvchi, "o'g'il", "zoda" ma'nolarini bildiruvchi so'z. Masalan, Mansur ibn Nuh - Nuhning o'g'li Mansur demakdir.

IZOFA – Amir Temur qo'shinining zahira

(rezerv) qismi.

IBODATXONA – dindorlarning xudoga muayyan tartibda sig'inadigan joyi, diniy rasm-rusmlar va marosimlar o'tkaziladigan joy, bino.

Xristianlik ibodatxonalari cherkov, sobor, monastir, katolik ibodatxonalari kostyol, kapella, buddizm ibodatxonalari tera, pagoda, zikkurat, dagoba, stupa, yahudiylarda sinagoga, musulmonlarda masjid deb yuritiladi.

"IKKINCHI MUALLIM" – bilimli, ma'rifatli, fikr mulohazalari va mantiqiy xulosasining teranligi tufayli SHarqda Abu Nasr Forobiy (873-950)ga Aristotel (Arastu)dan keyingi "Muallim us-soniy", "Ikkinchi muallim" nomi berilgan.

ILOQ, Eloq – tarixiy viloyat. Hozirgi Toshkent viloyatining janubi, Ohangaron daryosi havzalariga to'g'ri keladi. V asrdan mustaqil davlat sifatida ma'lum. Iloq hukmdorlari "Iloq dehqonlari" unvoni bilan yuritilib, katta iqtisodiy va siyosiy mavqega ega bo'lishgan. VI-VII asrlarda CHochga qo'shilgan. Iloq nomi XIV asrdan manbalarda uchramaydi. Iloqning poytaxti Tunkat shahri bo'lgan.

INJIL, Yevangeliya (yun. evangelion – xushxabar) – Yahudiylarning Qadimgi ahdidan farq qilish uchun injil Yangi ahd deb nomlangan. Injil II asrdan boshlab yuz yillar davomida tarkib topa boshlagan va IV asrda yaxlit xolga keltirilgan.

Injil G'arb ma'naviyati va madaniyati taraqqiyotida chuqur iz qoldirgan, jahonning eng ko'p tarqalgan va tarjima qilingan asarlari qatoriga kiradi.

INJU (mo'g'. – marvarid) – Mo'g'ulistonda o'rta asrlarda badavlat kishilarning shaxsiy mol-mulki. Eron, Kavkazorti mamlakatlari va O'rta Osiyoda xon xonadoni a'zolariga va ularning navkarlariga tegishli mol-mulki.

INKVIZITSIYA (lot. Inquisitio – qidiruv, tergov) – XIII-XIX asrlarda katolik cherkovlarida oqsuyaklar hokimiyati organlari va muassasalaridan mustaqil bo'lgan cherkov yuridik maqomiga ega bo'lgan alohida sudlar. Asosan, o'zgacha fikrlash (bid'atchilik) bilan kurash olib borgan. Inkvizitsiya jarayoni sudya va tergovchini bir shaxsda namoyon qilib, dalillarning alohida tizimini yuzaga keltirdi. Qiynoqqa solish dalillar olishning alohida manbai sifatida keng qo'llanilgan. Sudlanganlar, asosan, olovda kuydirilgan. XVI-XVII asrlarda inkvizitsiya Ispaniyada, ayniqsa, avjiga chiqqan edi.

IXSHIDLAR – 1) ilk o'rta asrlarda (V-VIII a.) Sug'd va Farg'ona hukmdorlari unvoni. Ilk o'rta asrlarda Movarounnahr hududlari 15 dan ortiq mayda hokimliklarga bo'linib ketgan edi. Ular ichida Sug'd ixshidlari eng qudratlisi sanalgan. Samarqand shahri ularning poytaxti bo'lgan; 2) 935-969 yillarda Suriya va Misrda hukmronlik qilgan Arab xalifaligidan yarim mustaqil bo'lgan sulola vakillarining unvoni.

JAYXUN (f. "jay" – hovuz, suv ombori, sug'orish kanali, "xun" – qon, qizil) – qizil daryo, yoki qizil suv. Amudaryoning o'rta asrlardagi nomi. Ba'zi tadqiqotchilar bu so'zni Tavrotdagi Gixon daryosi nomining arabcha izohlanishidir, deb hisoblasalar boshqalari forscha "justan" ("izlanmoq") va "xun" ("qon") so'zlaridan kelib chiqib, "Qon izlovchi" daryo tarzida ham talqin qiladilar. Jayxunning qadimiy nomi O'kuz (turkiycha; katta daryo) qadimgi yunonlar uni buzib Oksus (Oks) deb ataganlar.

JALOLIDDIN MANGUBERDI ORDENI – O'zbekiston Respublikasining davlat mukofotlaridan biri, mamlakatimizning oliy harbiy mukofoti. Bu orden bilan mamlakatimiz mustaqilligini, Vatan sarhadlarini, ona yurt tuprog'ini himoya qilishda yuksak harbiy mahorat, qahramonlik va jasorat ko'rsatgan, davlat mudofaasini mustahkamlashda ulkan hissa qo'shgan harbiy xizmatchilar mukofotlanadilar. 2000 yil 30 avgustda ta'sis etilgan. Orden 925 probali kumushdan tayyorlanadi. "Jaloliddin Manguberdi" ordeni ko'krakning o'ng tomoniga "Amir Temur" ordenidan keyin taqiladi.

JABG'U, yabg'u – 1) Kushonlar davrida (I-IV a) oliy unvonlardan biri; 2) Turk xoqonligida (551-VIII a) qag'an va tegin (xonzoda, taxt vorisi) kabi ma'muriy-harbiy mansablardan keyin turadigan unvon. Harbiy sarkarda sifatida qo'shinning o'ng tomoniga rahbarlik qilgan. Bu mansabni egallashga faqat hoqon urug'i Ashinadan chiqqan shaxslargina haqli bo'lgan. Turk xoqonligiga asos solinganidan so'ng Buminga xoqon (qag'an), Istemiga esa (yabg'u) unvoni berilgan; 3) O'g'uzlar va qarluqlar hukmdori ham jabg'u deb yuritilgan.

JAVONG'OR, jirong'or – qo'shinning so'l (chap) qanoti.

JAND – Hozirgi Qizil O'rdadan quyiroqda Sirdaryoning so'l qirg'og'ida joylashgan o'rta asr shahari.

JARIB – o'rta asrlarda amalda bo'lgan yuza, hajm, og'irlik va yer o'lchov birligi. SHarq mamlakatlarida, jumladan, O'rta Osiyoda VII asrdan boshlab qo'llanilgan. Yuza o'lchov birligi sifatida bir jarib bir tanobga teng: 1J.=1 tanob = 3600 kv.gaz.

Og'irlik o'lchov birligi sifatida turli joyda jaribning miqdori turlicha VII-IX asrlarda 1 jarib – 22,825 kg, X asrda esa 32,5 - 108,3 kg oralig'ida bo'lgan.

JETE (JETA) – mamlakat nomi. XIV asrning o'rtalarida CHig'atoy ulusi ikki qismga bo'linib ketganidan keyin Yettisuv va CHu vohalari hamda SHarqiy Turkistonni o'z ichiga olgan uning shimoliy-sharqiy qismi tarix kitoblarida Mo'g'uliston yoki Jete nomi bilan atalgan. Movarounnahr chig'atoylari SHarqiy Turkiston va Yettisuv mo'g'ullarini qaroqchi, qaloq ma'nosida ham jeta deb atashgan.

JIZ'YA – dastlab Arab xalifaligida, keyinchalik boshqa musulmon davlatlarida shariat me'yorlariga ko'ra musulmon bo'lmagan fuqarolardan olinadigan jon solig'i. Jiz'ya balog'atga yetganlardan olingan. Qariyalar va ayollar, bolalar, qul va gadolar undan ozod etilgan.

MADINA – o'rta asrlarda musulmon mamlakatlarida shaharning hokim qarorgohi, hukumat binolari va yuqori tabaqa vakillari joylashgan asosiy qismi, ichki shahar, ark. Madina mustahkam devorlar bilan o'ralgan. Uning atrofida xunarmandlar, savdogarlar va boshqa kasb egalari yashaydigan mahallalar bo'lib, u odatda shahriston deb atalgan. SHahristondan madinaga ikki yoki undan ko'p (4) darvoza orqali kirilgan. SHahriston ham mudofaa devorlari bilan o'rab olingan.

KO'XAK – Zarafshon daryosining o'rta asrlardagi nomi.

KO'CHMANCHI O'ZBEKLAR DAVLATI – Janubiy-G'arbiy Sibirda Abulxayirxon asos solgan (1428) davlat. Poytaxti Tura shahri bo'lgan. Abulxayirxon juda qisqa vaqt ichida mayda qismlarga bo'linib ketgan SHaybon ulusining katta qismida o'z hukmronligini o'rnatishga erishgan. 1468 yilda Abulxayrxon vafot etgach, bu davlat parchalanib ketadi. Faqat uning nabirasi Muhammad

SHayboniyxon XV asrning 80-yillarida bu davlatni qayta birlashtirishga muvaffaq bo'ladi va Temuriylar davlatiga istilochilik yurishlarini boshlab, Temuriylardan hokimiyatni tortib olishga muvaffaq bo'ladi.

KO'SHK – to'rt ustunli, tomi qubbali, asosan, yog'ochdan qurilgan yengil inshoot. Kelib chiqishi jihatdan oddiy o'tovga borib taqaladi. Dastlab ko'chmanchilar ko'chib yurish uchun qulay bo'lishi uchun uy (ko'chik)lar qurishgan. Arava ustiga o'rnatilgan ko'shklar ham bo'lgan. Keyinchalik ko'shklar badavlat kishilar, hukmdorlar uchun bezakdor qilib, bog'lar ichida qurilgan. Ko'shk SHarq mamlakatlaridan G'arbga "kiosk" shaklida kirib kelgan.

MADRASA (ar. "darasa" – o'rganmoq) – dars oladigan, o'qiladigan joy demakdir. Madrasalar musulmonlarning o'rta va oliy o'quv yurti. Yaqin va O'rta SHarq mamlakatlarida hozirgi vaqtda madrasalarda davlat muassasalari xodimlari ham tayyorlanadigan bo'lib ketdi.

Madrasalar dastlab, VII-VIII asrlarda Islom dini ulamolari musulmon ilohiyoti masalalarini sharhlab berib turadigan markaz sifatida paydo bo'ldi. IX-XIII asrlarda madrasalar Islom dini tarqalgan mamlakatlarda, jumladan, O'rta Osiyoda ham paydo bo'lib, madrasa uchun maxsus binolar qurila boshlandi. Madrasalarni hukmdorlar, yirik yer egalari va davlatmand kishilar o'z mablag'lari hisobidan qurdirganlar.

Madrasalarga diniy maktabni bitirgan bolalar qabul qilingan. Madrasalarda ta'lim uch bosqichda; boshlang'ich (adno), o'rta (avsat) va yuqori (a'lo) bilimlarda olib borilgan.

Madrasalarda diniy bilimlardan tashqari tibbiyot, aruz ilmi, falsafa, jug'rofiya va boshqa fanlar ham o'rgatilgan. Talabalar darsni o'zlashtirishlariga qarab madrasalarda 15-20 yillab o'qiganlar.

MAZDAKIYLIK – V asr oxiri – VI asr boshlarida Erondagi xalq harakatining yo'lboshchisi, eron zardushtiylarining bosh kohini Mazdak ibn Hamadoniy (470-529) targ'ib qilgan ta'limot. U o'z ta'limotida odamlar azaldan teng bo'lgan, degan g'oyani ilgari suradi. Ular orasidagi tengsizlikni imkoni boricha yo'qotish va katta boylarning yer va mol-mulkini tortib olib, kambag'allarga bo'lib berish fikrini targ'ib qiladi. Mazdak odamlarni Xudo teng yaratgan, shuning uchun ular ne'matlarni teng taqsimlashi kerak deb hisoblab, bu yo'lda qon to'kilishini faqat bir sabab bilan, ya'ni yaxshilikning yomonlik ustidan g'alabasini ta'minlash maqsadida oqlash mumkin deb hisoblagan. Omma uni qo'llab-quvvatlagani bois bu ta'limot ko'p mamlakatlarga keng tarqalgan. O'rta asrlarda Eron va O'rta Osiyodagi Abu Muslim (747-750) va Muqanna (769-783), Ozarbayjondagi Bobek (816-837) qo'zg'olonlari mazdakiylik ta'limotining kuchli ta'siri ostida sodir bo'lgan edi.

MAZHAB (ar. oqim, yo'l, ta'limot) – shariat mazhablari-islomda huquq tizimlari va yo'nalishlari. VIII-IX asrlarga kelib shariatning shakllanishi jarayonida, ya'ni fiqh-huquqshunoslik sohasida bir necha mazhablar vujudga kelgan. Hozirgi vaqtda sunniylikda to'rtta mazhab – hanafiya, molikiya, shofi'iya, hanbaliya; shialikda esa ja'fariya, ismoiliya, zaydiya mazhablari saqlanib qolgan. Sunniylikdagi to'rttala mazhab ham teng hisoblanadi. Yirik musulmon universitetlarida to'rt mazhab bo'yicha alohida dars o'qitiladi. Mazhablar, umuman, diniy huquq doirasidan chiqmagan holda, shariat masalalarida yengilroq yoki qattiqroq hukm chiqarishlari bilan bir biridan farq qiladilar. Hozir islom mamlakatlarida, asosan, hanafiya (Turkiya, Pokiston, Hindiston, O'rta Osiyo davlatlari, Rossiyaning Volgabo'yi, Sibir, SHimoliy Kavkaz, Ukrainaning Qrim viloyati), molikiya (Tunis, Jazoir, Liviya, Marokash), shofi'iya (Misr, Indoneziya va h.k.), hanbaliya (Saudiya Arabistoni) mazhablari keng tarqalgan. SHialik tarqalgan mamlakatlar (Eron, Iroq, Yaman)ning huquqiy hayotida esa ja'fariya mazhabi o'z mavqeini saqlab kelmoqda.

MAYMURG' (sug'd. "mayn" – qishloq, murg' – o'tloq, sero'tloq qishloq) –Samarqanddan janubiy sharqda joylashgan, qadimgi sug'diyonaning mulki – rustoq. Markazi hozirgi Quldortepa shahar xarobasi o'rnida joylashgan.

IV-X asrlarda Sug'd tarkibida bo'lgan. Dastlab Maymurg' tarkibiga Panjikent ham kirgan, lekin VII asrda u mustaqil mulk sifatida ajralib chiqqan. Ilk o'rta asrlarda Maymurg'ning nihoyatda ahamiyatli ekanligi uning hududida Samarqand vohasining asosiy sug'orish tizimlari boshlangan to'g'on – Varagsarning joylashganligi edi. Maymurg'ni hokim emas, sug'd hukmdorlari xonadoniga mansub shahar boshlig'i idora qilgan.

MU'TAZILIYLAR (ar. – ajralib chiqqanlar, uzoqlashganlar) – ilk islomda ilohiyot oqimlaridan birining tarafdorlari. Bu oqim VIII asr o'rtasida arab halifaligida paydo bo'lgan. Asoschisi Vosil ibn Ato (699-748). Abbosiy xalifalardan Ma'mun (813-833), Muta'sim (833-842) va Vosiq (842-847) hukmronligi davrida mu'taziliylar ta'limoti xalifalikda rasmiy e'tiqod sifatida tanilgan. Mutavakkil (847-861) davrida esa bu ta'limot ta'qiqlangan va qattiq ta'qib ostiga olingan. Mu'taziliylar antik falsafa va mantiqning usul hamda tushunchalarini ilohiyotga tadbiq etib, tasavvufni inkor etishga uringanlar. Qur'on va sunna ta'limotini aql-idrokka mos talqin etishni ilohiyot asoslaridan biri deb e'tirof etganlar, islomga ratsionalistik elementlarni kiritishga uringanlar. Mu'taziliylarning ta'limoti va bir qancha diniy-falsafiy yo'nalishlari keyinchalik paydo bo'lgan kalom ilmi – ash'ariya va moturudiyaning yutug'i bo'lib qoldi.

Mu'taziliylar doimiy ravishda ta'qib

qilinganligi tufayli Iroq va Eronda XI-XII asrlarda, Movarounnahrda XIII-XIV asrlarga kelib yo'qolib ketgan. Uning oxirgi vakillaridan biri Zamahshariy (1075-1144) edi. Lekin u ham umrining oxirida mu'taziliylar safidan chiqqanligini e'lon qilgan.

MUQANNA (ar. – niqobdor) – arab istilochilariga qarshi 769-783 yillarda bo'lib o'tgan qo'zg'olon rahbari Xoshim ibn Hakimning laqabi. Tarixiy ma'lumotlarga ko'ra Xoshim ibn Hakim hokimiyat uchun kurash jarayonida zindonga tashlanadi. Zindonda u kasallikka chalinib, yuziga chechak toshib, yuzi xunuk bo'lib qoladi. Yuzini xalqdan yashirish maqsadida oq niqob taqib olgan va shuning uchun muqanna laqabini olgan. Uni Xoshim ul a'var-bir ko'zli Hoshim deb ham atashgan.

MUHADDIS (ar. – hadisshunos) – 1) hadislarni to'plash, kodifikatsiya qilish (ya'ni diniy ta'limot nuqtai nazaridan ularni ishonchli va soxtaga ajratish), hamda, sharhlash bilan shug'ullangan ilohiyotchi. Muhammad (s.a.v) vafotidan keyin hadislarni to'plash keng an'anaga aylana boshlashi natijasida ilohiyotchilarning bir qismi bu sohada ixtisoslashgan va ular muhaddislar deb nom olgan. Hadis to'plamlari e'tibor qozonib, muhaddislar (mas., Ismoil al-Buxoriy, Imom at-Termiziy, Muslim an-Nishopuriy, Ibn Moja va boshqalar) islom tarixida mashhur bo'lib tanilgan. Muhaddislar va ular shug'ullangan hadis ilmi (arab. – ilm al-hadis) Qur'ondan keyingi ikkinchi manba hisoblangan; 2) hadisni tushuntirib beruvchi hadis olimi.

MUHTASIB (ar. – nazorat qiluvchi) – o'rta asr musulmon davlatlarida islom marosimlari, urf-odatlari va shariat qonunlarining (masalan, bozordagi tosh-tarozi, narx-navo va h.k.) bajarilishi ustidan nazorat qiluvchi amaldor. SHariat tizimiga xos mansabdor shaxslar toifasiga kirgan. Movarounnahrda bunday amaldorlar Rais deb atalgan. Muhtasiblar bozorlardagi narx-navo va o'lchov asboblarining to'g'riligi ustidan nazorat qilish, urf-odatlarning bajarilishini kuzatish, diniy marosimlarni bajarmagan kishilarni (masalan, ramazon oyida ro'za tutmay choyxonada o'tirganlarni, azon aytilgandan keyin masjidga namozga bormaganlarni) darra bilan urib jazolash hukmini chiqarish, o'sha yerning o'zida hukmni ijro ettirish kabilar bilan shug'ullangan. Islom mamlakatlarida hali ham boshqa nom bilan atalsa-da, muhtasiblar vazifasini bajaruvchi mansabdor shaxslar bor.

NILOMETR – Ahmad al-Farg'oniy boshchiligida abbosiy xalifa al-Mutavakkilning (847-861) amri bilan 861 yilda Misrning Qohira shahri yaqinidagi Ravzo orolida Nil daryosi suv sathini o'lchash maqsadida qurilgan inshoot. Ba'zi mualliflarning asarlarida "Miqyos an-Nil" deb ham atalgan. Nilometr murabba shaklidagi quduq ko'rinishida bo'lib, Nil daryosi bilan uchta yer osti suv yo'llari orqali tutashgan. Quduq o'rtasida oq marmar bilan qoplangan taxminan 10 metrlik sakkiz qirrali ustun o'rnatilgan. Ustunda suv sathini o'lchashga imkon beradigan darajalar bo'lgan. Kuzatuvchi suv sathi haqida hisob olish uchun aylanma zinapoyadan tushib chiqqan. Hozir barcha davlatlarda suv havzalarining suv sathlari al-Farg'oniy tomonidan kashf qilingan nilometr printsipida o'lchanadi.

OQ O'RDA (rus manbalarida Ko'k O'rda) – Oltin O'rdaning bir qismi. Jo'jixonning o'g'li Botu va uning avlodlari tomonidan idora qilingan; ikkinchi qismini Jo'jining boshqa o'g'li O'rda-Ichen boshqargan. Bu holat XIII-XIV asrlar davomida o'zgarmay kelgan. Botu avlodlariga nomigagina qaram bo'lgan O'rdaxon avlodlari keyinchalik to'la mustaqil bo'lib oladilar. Oltin O'rda tushunchasi Botuxon davridan boshlab butun Jo'ji ulusiga, XIV asr boshidan esa Oq O'rdaga nisbatan qo'llanilgan. Oq O'rda tarkibiga Sirdaryo havzasining katta qismi va Orol dengizining shimoliy-sharqidagi cho'llardan Ishim va Sarisuv daryolarigacha bo'lgan hududlar kirgan. Poytaxti quyi Sirdaryo bo'yida Sig'noq shahri bo'lgan.

QALANDAR (ar. – daydib yuruvchi darvesh) – so'fiylik yo'liga kirib, mehnat qilmasdan darbadarlik, gadolik va xayr-ehson yo'li bilan kun kechiruvchi kishilar faoliyati. Qalandarlar muayyan jamoa (suluk) larga birlashib, uning g'oyalarini targ'ib etganlar. Naqshbandiya, Yassaviya, Qubraviya, Qadariya qalandarlikning mashhur suluklaridandir.

QAL'A (ar. – devor bilan o'ralgan qo'rg'on, shahar) – qadimda va o'rta asrlarda bino qilingan mustahkam mudofaa istehkomi. Yozma manbalarda qal'a qo'rg'on, istehkom, hisor va shahar ma'nolarida tilga olinadi. Qal'a devori paxsa va yirik xcm g'ishtlarda barpo etilgan. Devor bo'ylab mo'lalar, ayniqsa, uning burchak qismlarida doira yoki to'rtburchak shaklidagi burjlar qad ko'tarib, ularning bir yoki ko'p qatorlik nishon tuynuklari – shinaklari bo'lgan.

Qal'alar asosida keyinchalik shaharlar yuzaga kelib, uning maydoni kengaygan. Qal'alar shahar yoki viloyat hukmdorining qarorgohiga aylantirilib, qasr qad ko'targan. Qal'aning bu qismi ko'xandiz yoki ark atamalari bilan yuritilgan oliy dargoh shakllangan.

Qal'alar avvalo, aholi yashaydigan turar joy, mudofaa inshooti, yovgarchilik davrlarida qamaldagi harbiylar qarorgohi, oziq-ovqat va qurol-yarog' omborlari kabi vazifalarni o'tagan.

QARLUQLAR DAVLATI – Qarluqlar qadimda Oltoyning g'arbida, so'ngra Irtish daryosining o'rta oqimida yashagan ko'chmanchi turkiy qabilalardan biridir. VII asr o'rtalarida ular Yettisuv o'lkasiga kelib joylashib, Tolos va CHu daryolari havzasidan Issiqko'lgacha bo'lgan hududlarda yashashgan. Qarluqlar davlati ushbu hududlarda VIII asr oxirida tashkil topadi. Poytaxti CHu daryosidan shimolroqda joylashgan Suyob shahri bo'gan. Podshohlari "yabg'u" yoki "jabg'u" deb yuritilgan. Qarluqlar jabg'usi VIII asrda islom dinini qabul qilgan. X asr o'rtalariga kelib, qarluqlar ikki tomondan: janubdan yag'molar, g'arbdan o'g'uzlarning kuchli tazyiqiga uchraydilar va SHarqiy Turkiston va Yettisuvda tashkil topgan Qoraxoniylar davlati tarkibiga kirib ketadilar.

QARMATIYLAR – shia mazhabidagi Ismoiliylarning asosiy shoxobchalaridan biri bo'lib, IX asr oxirida Iroqda paydo bo'lgan. Suriya va Yamanda keng tarqalgan. Ular, asosan, dehqonlar, ko'chmanchi badaviylar va hunarmandlardan tashkil topgan. Islom qonun-qoidalariga itoat etmaganlar, ularda masjid bo'lmagan, musulmonlar ziyoratgohi Ka'baga ziyoratni, unga sig'inishni bid'at, butparastlik deb hisoblaganlar. 899 yili Bahrayinni bosib olib, al-Ahso (SHarqiy Arabiston)da o'z davlatlarini tuzganlar. Ularning rahnamosi Hamdam ibn al-Ash'asning o'g'li Abu Tohir Sulaymon (914-943) davrida qarmatiylar 930 yili haj vaqtida Makkaga bostirib kirib, shaharni talon-taroj qilganlar, bir necha ming hojilarni va Makka aholisini qatl etib, asir olganlar. Ka'bani vayron qilib, qora toshni ikkiga bo'lib, Bahraynga olib ketganlar, faqat 20 yildan keyin katta tavon evaziga u Makkaga qaytarib berilgan.

Keyingi asrlarda qarmatiylar qattiq ta'qib ostiga olinganlar.

QARSHI – O'zbekistonning qadimiy shaharlaridan biri. U turli davrlarda Bolo, Nashebolo, Naxshab, Nasaf nomlari bilan yuritilgan. Tarixiy manbalarga ko'ra shaharning nomi qadimgi turkiycha "qarshi" ya'ni "saroy" so'zidan kelib chiqqan. Miloddan avvalgi va milodiy eraning dastlabki asrlarida bu shahar "Naxshab" (suv obod qilgan, suv naqsh bergan manzil) deb atalgan. VIII asrda arablar Qashqadaryo vohasini egallagach, Naxshab arabcha talaffuzda "Nasaf" deb yuritila boshlangan. Mo'g'ullar istilosi oqibatida vayron bo'lgan Nasafdan 12-14 km masofada CHig'atoy ulusi xoni Kebekxon (1318-1326) yangi shahar barpo etib, uni Qarshi deb nomlaydi.

2006 yil 27 oktyabrda bu qadimiy shaharning 2700 yilligi Respublikamizda keng nishonlandi.

QORAXITOYLAR, KIDANLAR – XII asrning 30-40 yillarida Movarounnahrning o'troq dehqonchilik vohalariga bir necha marotaba bosqinchilik yurishlari uyushtirgan ko'chmanchi turkiy qabilalar. Qoraxitoylarning kelib chiqishi haqida fanda yagona fikr mavjud emas. Ba'zi tadqiqotchilar ularni Sibirning tungus aholisiga, boshqalari esa mo'g'ullarga mansub deb hisoblaydilar. XII asr boshlarida ular Yettisuv viloyatini ishg'ol etib to Yenisey daryosigacha bo'lgan yerlarni o'z ichiga olgan kattagina davlatni barpo etadilar. Bolasog'un bu davlatning poytaxtiga aylantirilgan. Xonlari "go'rxon" deb yuritilgan. Qoraxitoylar davlati XIII asrda boshlarida Mug'ul istilochilari tomonidan tugatiladi.

QORAXONIYLAR – O'rta Osiyoda, asosan, Movarounnahr va SHarqiy Turkiston hududlarida Somoniylardan keyin 999-1212 yillarda hukmronlik qilgan musulmon turkiy sulola. Uni barpo etishda qator turkiy qabilalar ishtirok etib, bulardan qarluq, chigil va yag'mo qabilalari yetakchi bo'lgan. Asoschisi yag'mo qabilasidan chiqqan Abdulkarim Sotuq Bug'roxon (Qoraxon). Yag'molar X asr o'rtalarida islom dinini qabul qilganlar. 992 yilda Xorun ibn Muso Sotuq Buxoroni, 996-999 yillarda uning vorisi Nasr I Movarounnahrni butunlay bosib oldi. Qoraxoniylar davlati poytaxti dastlab Qoshg'ar, keyin Bolasog'un, O'zgan shaharlari bo'lib, keyinchalik yana Qoshg'arga ko'chirilgan. XI asrning 60-70 yillarda Qoraxoniylar ichki siyosiy kurash va Saljuqiylar tazyiqi ostida zaiflashib, kuchsiz davlatga aylanib qoladi. 1212 yili qoraxoniylarning so'nggi vakili Qilich Arslon Muhammad Xorazmshoh tomonidan o'ldirilgan.

QORAUNOS – XIII-XIV asrlarda Yettisuv va SHarqiy Turkiston mo'g'ullari Movarounnahr aholisini shunday atashgan. Qoraunas aralashgan, chatishgan, duragay, metis degan so'zlarga ma'nodosh.

QORAQURUM – O'rxun daryosi (Mo'g'uliston) bo'yidagi shahar. CHingizxon va 1230-1260 yillarda O'gadayxon, Guyukxon va Manguxon davrida mo'g'ullar imperiyasining poytaxti. 1380 yilda shahar Xitoy qo'shinlari tomonidan vayron qilingan.

QORA-QUYUNLILAR SULOLASI – 1380-1468 yillarda Iroq va Ozarbayjonda hukmronlik qilgan turkmanlar sulolasi. Qora Yusuf turkman (1388-1420) 1388-1389 yillarda Armaniston, Iroq va Janubiy Ozarbayjon sarhadlarida Amir Temur lashkarlariga qarshi janglar olib borgan. U Amir Temurdan yengilib, Turk sultoni Boyazid saroyiga qochib, panoh topgan. SHu sababli Amir Temur va Boyazid o'rtasida kelishmovchilik kelib chiqqan. Qora Yusuf o'z yurtiga faqat 1406 yilda Amir Temur vafotidan keyin qaytgan.

QORI (ar. – o'quvchi) – Qur'oni karimning barcha suralarini yod olgan va qiroat bilan o'qiydigan kishi. Qorilarni tayyorlaydigan maktablar – "dorul-huffoz" deb yuritiladi.

8 SINF

AMIR AL-MO''MININ (ar. – mo''minlar amiri) – ilk islom davridagi xalifalarning unvoni. O'sha davrda diniy va dunyoviy hokimiyat xalifalarning qo'llarida jamlangan. Bu vazifalarni bajaruvchilar "xalifa", "imom", "amir" unvonlari bilan birga, har uchala mazmunni ifodalovchi yagona amir al-mo''minin unvoni bilan atalgan.

AMIRI SHIKOR – ma'lumki, ov barcha hukmdorlar hayotida katta o'rin tutar edi. Bu lavozim egasi xon va sultonlarning ovlarini uyushtirib turishi kerak edi. SHikorgoh atrofidagi qishloqlar aholisining o'z ot-ulovi, qurol-aslahasi bilan kelib xon va sultonlarning ov o'tkazishida ularga yordam berishi, ular qo'nib qolganlarida qo'noq hamda oziq-ovqat bilan ta'minlash ishlari ham amiri shikorning vazifasi hisoblanar edi.

AMIR UL-UMARO (ar. – amirlar amiri, oliy amir) – O'rta asrlarda Movarounnahrda keng tarqalgan eng yuqori harbiy unvonli amaldor. U oliy bosh qo'mondon hisoblanib, butun harbiy ishlar uning qo'lida bo'lgan. CHig'atoy ulusi davrida hukmdorning barcha bosh ijro idoralari (devonlar) ham amir ul-umaro qo'lida bo'lgan. Lekin Amir Temur va Temuriylar davrida amir ul-umaro faqat bosh qo'mondonlik, ko'p hollarda podsho xudaychisi (adyutanti) vazifasini o'tagan. Amir ul-umarolik lavozimi Qo'qon xonligida amirlashkar, beklarbegi deb atalgan. Xiva xonligida saroy lavozimlari ichida naqibdan keyin turgan va uning maoshi 500 tilloni tashkil etgan. Bundan tashqari bir necha viloyatlarning daromadlari amir ul-umaro ixtiyoriga berilgan.

AMLOK – 1) xonliklar davrida davlat yerlari, ma'muriy birlik; 2) yer egaligi turi; mulklar, yer-suv, kishi tasarrufidagi narsa va buyumlar amlok deb yuritilgan. Xonliklarda yirik yer egaligining bir turi bo'lib, davlat oldidagi xizmatlari uchun shahzodalar, lashkarboshilar va amaldorlarga in'om qilingan yer-suv amlok deyilgan. Amlok yerlaridan davlat hazinasi uchun soliq to'langan.

AMLOKDOR (ar. amlok – mulk so'zining ko'pligi, fors-toj. dor – ega) – Buxoro amirligiga qarashli eng kichik ma'muriy bo'linma-amlokni boshqaruvchi kishi. Amlokdorlar boy tabaqa vakillaridan bo'lib, bek tomonidan tayinlangan. Amlokdorga bir necha qishloq qaram bo'lgan. Amlokdor qo'lida kotib, mirob, amin, oqsoqollar xizmat qilganlar. Amlokdorlar o'z yerlarini dehqonlarga ijaraga berganlar. Amlokdorlar xiroj yig'ish, dehqonlar yetishtiradigan hosilni hisobga olish, soliq to'lamaganlarni jazolash, jarima solish kabi ishlar bilan shug'ullanganlar.

AXSIKAT – qadimgi shahar xarobasi. Namangan viloyati To'raqo'rg'on tumanidagi SHahad qishlog'i hududida joylashgan. Axsikat shahri mil.avv. III-II asrlarda vujudga kelgan. IX-

X asrlarda Farg'ona vodiysining poytaxti bo'lgan. 1219 yilda mo'g'ullar tomonidan vayron etilgan. Axsikatning eski o'rnidan 5-7 km g'arbda bunyod etilgan yangi shahar – Axsi XIV-XVII asrlarga oiddir.

AXYA – Xiva xonligida sug'oriladigan yerlar.

ASHTARXONIYLAR (JONIYLAR) SULOLASI – Buxoro xonligida SHayboniylar sulolasining o'rniga kelgan ikkinchi sulola. 1556 yilda Astraxan (Hojitarxon) xonligi Rossiya tomonidan bosib olingach, Jo'jixon nasliga mansub bo'lgan Astraxan xoni Yormuhammad o'z oila a'zolari va qarindoshlari bilan Buxoroga keladi. Buxoro xoni Iskandarxon (1561-1583) Yormuhammad va uning hamrohlariga o'z mamlakatidan boshpana beradi. Yormuhammadxonning o'g'li Jonibek Sultonga o'z qizi Zuhraxonimni xotinlikka beradi. SHu nikohdan uch o'g'il (Dinmuhammad, Boqimuhammad, Valimuhammad) dunyoga keladi. Buxoro xoni Abdulmo'min o'ldirilgandan so'ng SHayboniylar naslidan valiahd yo'qligi sababli Jonibekning o'g'li Boqimuhammad 1601 yilda xon taxtiga o'tiradi. SHundan so'ng Buxoro xonligida Ashtarxoniylar (joniylar) sulolasining hukmronligi boshlanadi.

O'zbek davlatchiligi tarixida Ashtarxoniylar davri davlatchilik asoslarining yemirilishi, hududiy tarqoqlik va parokandalikning kuchayishi bilan xarakterlanadi.

Sulola vakillari: Boqimuhammadxon (1601-1605), Valimuhammadxon (1605-1610), Imomqulixon (1611-1642), Nodirmuhammadxon (1642-1645), Abdulazizxon (1645-1680), Subxonqulixon (1680-1702), Ubaydullaxon (1702-1711), Abulfayzxon (1711-1747), Abdulmo'min (1747-1748), Ubaydullaxon II (1748-1753).

BADAVIY (ar. – sahro kishisi) – Arabiston yarim oroli va SHimoliy Afrikada yashovchi ko'chmanchi va yarim ko'chmanchi arab qabilalari.

BADAXSHON – Amudaryoning yuqori oqimida, uning har ikki sohilida joylashgan tog'lik o'lka. Fayzobod uning poytaxti bo'lgan.

BAYTULLO(H) (ar. – Ollohning uyi) – Makka islom dinining yagona markaziga aylanganidan keyin Ka'baga berilgan nom.

BAKOVUL – 1) Oltin O'rda xonligida qo'shinga maosh ulashish, o'ljalarni taqsimlash singari vazifalarni bajaruvchi yuqori mansabdor.

2) XV asr va undan keyingi davrlarda podshoh, xon va lashkarlarga ovqat tayyorlash ustidan nazorat olib boruvchi, hukmdorga taom tortishdan oldin uni avval o'zi totib ko'ruvchi mansabdor; bosh oshpaz. Bakovulboshi – bosh oshpaz.

3) To'ylarda taom tayyorlovchi oshpaz, pazanda.

BLOK (fr. – blok – birlashma) – Ayrim davlatlar, partiyalar, tashkilotlar yoki kishilar guruhining biror umumiy maqsad yo'lida birgalikda harakat qilish uchun doimiy yoki vaqtinchalik tuzilgan ittifoqi.

BOBURIYLAR – Hindistonda 1526 yildan 1858 yilga qadar hukmronlik qilgan sulola. Unga Temuriylardan Zahiriddin Muhammad Bobur asos soldi. Boburiylar Hindistonda 332 yil hukmronlik qilishdi. Oxirgi Boburiy Bahodirshoh II (1837-1858) ni ingliz mustamlakachilari taxtdan ag'darib, Hindistonni o'z mustamlakasiga aylantiradilar.

Boburiylar sulolasining vakillari: Bobur (1526-1530), Xumoyun (1530-1556), Akbarshoh (1556-1605), Jahongir (1605-1628), SHohjahon (1628-1658), Avrangzeb (1659-1707), Bahodirshoh (1707-1712), Jahondorshoh (1712-1713), Farrux Siyar (1713-1719), Muhammadshoh (1719-1748), Ahmadshoh (1748-1754), Olamgir (1754-1760), SHoh Olam (1760-1788), Bidar Baxt (1788), SHoh Olam (1788-1806), Akbar II (1806-1837), Bahodirshoh II (1838-1858).

BOLASOG'UN – Chu vohasida, hozirgi To'qmoq shahridan 24 km. janubiy g'arbda joylashgan ulkan o'rta asr shahri (VII-XIV asrlar). Qadimda Yettisuv viloyatining markazi. XI-XII asrning birinchi yarmida Qoraxoniylar, so'ngra XII asrning ikkinchi yarmidan

Qoraxitoylar davlatining poytaxti bo'lgan. Mo'g'ullar uni Gobaliq (yaxshi shahar) deb ataganlar. XVI asrda qalmoqlar xuruji oqibatida vayron etilgan.

BARGUSTIVON – qadimda jangovor otlar ustiga yopiladigan yopinchiq, himoya vositasi.

BARID – 1) CHopar, xat eltuvchi, pochtalion. Somoniylar davlat boshqaruvi tizimida barid devoni mavjud bo'lib, u maktubot va axborot, ya'ni pochta vazirligi hisoblangan; 2) XIV-XVI asrlarda O'rta Osiyo xalqlarida keng qo'llanilgan masofa o'lchov birligi bo'lib, ikki farsah, ya'ni taxminan 12 km. ga teng yo'l bo'lgan.

BARLOS, barulas – o'zbek xalqining tarkibiga kirgan qabilalardan biri. XIII asrning ikkinchi yarmida Ili daryosi bo'ylaridan Qashqadaryo vohasiga ko'chib kelgan. XIV-XV asrlarda shu voha siyosiy, iqtisodiy va madaniy hayotida muhim rol o'ynagan. Amir Temur barlos qabilasidan bo'lib, qo'shindagi sarkarda va amirlarni asosan shu qabila vakillaridan tayinlagan.

Barloslar turkiy tilning qarluq-chigil lahjasida so'zlashganlar.

BAROT (ar. – oqlash; begunohlik, soddalik) – Podsho tomonidan berilgan ozodlik xati; podshoh, sulton yoki xon tomonidan biror soliq yoki jarimadan ozod etish yoki muayyan vakolatlar, huquqlar berish haqidagi maxsus guvohnoma, yorliq. Bunday guvohnoma olgan kishi barotdor deb atalgan.

BUXORO – Sharqning eng mashhur va qadimiy shaharlaridan biri. Arxeologik ma'lumotlarga ko'ra Buxoroga mil.avv. 1-ming yillikning o'rtalarida asos solingan. Uning nomi ilk o'rta asr Xitoy manbalarida turlicha (An, Ansi, Ango, Buxo, Buku, Buxe, Buxaer, Buxala, Fuxo, Puxuala) atalgan. O'rta asr arab manbalarida esa Numijkat, Navmichkat, Bumichkat, Al-Madina as-sufriyya (Mis shahar), Madinat at-tujjor (Savdogarlar shahri), Foxira (Faxrli shahar) kabi nomlar bilan tilga olingan. Buxoro atamasi sanskritcha "vixora" so'zining turk-mo'g'ulcha shaklidan "buxor" ("ibodatxona")dan kelib chiqqan deb taxmin qilingan. Keyingi tadqiqotchilar bu atama sug'diycha "bug'" yoki "bag'" ("tangri") hamda "oro" ("jamol") so'zlaridan iborat bo'lib, "tangri jamoli" degan ma'noni anglatadi, degan fikr ilgari surilmoqda.

Buxoro VI-VIII asrlarda Buxorxudotlar hokimligi, IX-X asrlarda Somoniylar, XVI-XX asr boshlarida Buxoro xonligining, 1920-1924 yillarda esa Buxoro Xalq Sovet Respublikasining poytaxti bo'lgan.

BUXORO XONLIGI – Temuriylar davlatining inqirozidan boshlab Vatanimiz tarixining Xonliklar davri boshlandi. Buxoro xonligi rasman 1510 yildan 1920 yilgacha mavjud bo'ldi. Buxoro xonligida uchta sulola hukmronlik qildi. Bular: SHayboniylar sulolasi (1510-1601), Ashtarxoniylar sulolasi (1601-1753) va Mang'itlar sulolasi (1753-1920). SHayboniylar va Ashtarxoniylar sulolasidan chiqqan hukmdorlar nasl-nasabi jihatidan CHingizxon (1151-1227) ning uzoq avlodlari hisoblanardilar. SHuning uchun ham ular "xon" unvoni bilan yuritilganlar. Buxoro poytaxt qilib belgilanishi tufayli davlatning rasmiy nomi tarixiy adabiyotlarda Buxoro xonligi nomini oldi. Mang'itlar sulolasi mahalliy qabilalardan chiqqan bo'lib, CHingizxonga qarindosh xisoblanmas edi. SHuning uchun ham sulola vakillari o'zlarini "xon" emas, balki "amir" deb atadilar. Davlatning rasmiy nomi ham Buxoro Amirligi deb yuritildi. Oxirgi Buxoro amiri 1920 yilda taxtdan ag'dariladi.

DABIR (f. – mirza, kotib) – o'rta asrlarda kotib, elchi, sarkotib ma'nolarida qo'llanilgan. Mamlakat hukmdorining shaxsiy kotibi. U din, tarix, adabiyotni puxta bilishi, ajoyib uslubda yozishi va voqeani chiroyli so'zlar bilan ifodalab berishi kerak bo'lgan. Hukmdorning boshqa hukmdorlar bilan yozishmalarining yuqori saviyada bitilishida dabirlarning roli va mas'uliyati katta bo'lgan. U dabiristonda ta'lim olgan.

DARGOH (f. – eshik, eshik ostonasi) – SHayboniylar hukmronligi davrida oliy davlat idorasi. Dorgoh tepasida xon turgan.

DARRA (f. – qayish qamchi) – 1) XX asr boshlarigacha Turkiston xonliklarida tan jazosiga hukm qilinganlarni jazolash uchun ishlatilgan qamchining bir turi. Eni 4-5 sm li 2-3 qavat qayish tasmadan tikilib, dastasi yog'ochdan ishlangan. Badanga qattiqroq tegishi uchun tasmalar orasiga qum solib tikilgan; 2) bolalar va o'smirlar o'rtasida o'tkaziladigan darrasoldi o'yinida ishlatish uchun eshib, ikki qavat qilib buralgan belbog' yoki ro'molcha.

DARXON, tarxon (mo'g'. – temirchi, kosib, ozod kishi) – 1) CHingizxon va uning vorislari tomonidan hukmron sinf vakillariga, oddiy xalq orasidan chiqib, hokimlarga alohida xizmat ko'rsatgan kishilarga berilgan unvon. Darxonlik imtiyoziga ega bo'lgan kishi har qanday soliq va majburiyatlardan ozod qilingan, ulug' xon huzurida bo'lish huquqidan ham foydalangan. Darxonlarning 9 marta qilgan jinoyatlari kechirilgan. Bu unvon mo'g'ullar, temuriylar va shayboniylar davrida Movarounnahr va Yaqin SHarqda keng tarqalgan; 2) O'rta asrlarda turkiy xalqlardagi yer egasi – feodal; 3) O'rta Osiyo xonliklarida feodallarning davlat soliqlaridan ozod qilingan yer-suv, mol-mulklari.

DAFTARDOR – Qo'qon xonligida xonning shaxsiy daromadi hisob-kitobini olib boruvchi amaldor. Daftardor xazinachiga axborot berib turgan.

DAXMA (f. – yer ostidagi sag'ana, qabr) – qabr ustiga o'rnatilgan yodgorlik; maqbara.

DAXYU – "Avesto" da qabilalar ittifoqi. Daxyu shuningdek, viloyat, mamlakat ma'nosini ham anglatgan.

DASHTI QIPCHOQ – Sirdaryoning quyi oqimi hamda Tyanshanning g'arbiy yonbag'ridan Dnepr daryosining quyi oqimlarigacha bo'lgan hududlarning XI-XVI asrlardagi nomi. Bu yerlarda ko'chmanchi qipchoq qabilalari yashagani uchun shunday nom olgan.

DAHLAR, daylar – qadimda Kaspiy dengizining sharqidagi tekisliklarda, Turkmanistonning janubi, shuningdek, O'zbekistonning bir qismida yashagan ko'chmanchi qabilalar. Dahlar, dastlab, Kserksning mil.avv. 486-480 yillarga oid bitiklarida qayd etilgan.

DAHAK (f. – o'ndan bir) – 1) Buxoro amirligida vaqf yerlaridan olingan daromadning madrasa, mullavachchalariga beriladigan qismi. Davlat yerlariga qo'shib olingan yerlardan ham dahyak ajratilgan. Dahyak olishlari uchun madrasa talabalari arab tili va shariat qoidalaridan imtihon topshirishlari lozim bo'lgan; 2) Xiva xonligida soliq turi, ushr. Dahyak chig'ir bilan sug'oriladigan yerlarda hosilning 1/10, ariq bilan sug'oriladigan yerlarda 1/5 qismini tashkil qilgan.

DEBITOR (lot. debitor – qarzdor) – korxona, tashkilot yoxud mahkamadan pul yoki mulk qarzi bo'lgan yuridik yoki jismoniy shaxs.

DEVONBEGI – devon boshlig'i. 1) O'rta asrlarda SHarqdagi islom davlatlarida oliy saroy mansablaridan biri. Sug'orish, moliya, harbiy, aloqa, adliya va boshqa ishlarni yurituvchi mahkama (devon) boshlig'i; 2) Buxoro xonligida devonbegi bosh vazir bo'lib, xondan keyingi ikkinchi shaxs hisoblangan. Xonlikning moliya-xazina ishlarini boshqargan. Soliqlar undirilishi ustidan nazoratni ham devonbegilar olib borgan; 3) Xiva xonligida devonbegi devon mahkamasi orqali zakot yig'ish va bozorlarda joy puli olish, to'plangan pullarni sarf xarajat qilishga ham boshchilik qilgan.

DEGREZ (toj. "deg" – qozon, "rez" – quymoq) – cho'yandan qozon quyuvchi usta-hunarmand.

DE-FAKTO (lot. de facto – amalda, haqiqatda) – xalqaro huquqda yangi vujudga kelgan davlat yoki hukumatning jahon hamjamiyati va davlatlar tomonidan tan olinishi. Bu davlat va hukumat e'tirofining rasmiy lekin tugallanmagan, to'liq bo'lmagan tan olinishi. Bunday e'tirof, odatda, vaqtincha xususiyatga ega bo'lib, de-yure-e'tirof etishga o'tish bosqichidir.

DINOR – bir misqol, ya'ni 4,8 gr (ba'zi manbalarda 4,235 gr) og'irlikda so'qilgan oltin tanga.

DODHOH (f. – da'vogar, odillik istovchi) – O'rta Osiyo xonliklarida yuqori martabalardan biri bo'lgan. Buxoro amirligida amir saroyining yuqori lavozimlaridan biri bo'lib, u Buxorodagi yuqori xizmat doirasidagi 10 toifa (daraja) dagi mansab hisoblangan. Uning vazifasiga amir nomiga yozilgan ariza-shikoyatlarni qabul qilib olish va ularning egalariga yozma yoki og'zaki javob qaytarish bo'lgan. SHuningdek, u elchilarni qabul qilish, elchilik yumushlarini tashkil etish va hatto shaxsan elchi sifatida boshqa mamlakatlarga borib kelish kabi tadbirlarni ham amalga oshirgani ma'lum. Qo'qon xonligida bunday amaldor xudaychi deb nomlangan.

DORUG'A, daruxachi, dorug'achi (mo'g'. "darga" – rais, boshliq; "darax" – tobe qilmoq, yengmoq) (mo'g'ulcha – nazoratchi, shahar boshlig'i) – 1) Mo'g'ullar davlatida mahalliy hokimlar huzuridagi ulug' qoon vakili, noibi. Uning zimmasiga aholini ro'yxatga olish, mahalliy xalqdan qo'shin to'plash, pochta aloqalarini yo'lga qo'yish, soliq yig'ish, to'plangan soliq-to'lovlarni ulug' qoon saroyiga yetkazish kabi vazifalar yuklatilgan; 2) Temuriylar va shayboniylar hukmronligi davrida dorug'alar viloyat, shahar hokimi bo'lishgan. Ularning zimmasiga viloyat va shaharni idora qilish, mudofaa qilish, aholini ro'yxatga olish, ulardan soliq undirish vazifalari yuklatilgan; 3) Buxoro xonligida dorug'alar shaharning harbiy komendanti, mirshablar boshlig'i hisoblangan.

DUK (f. – yig, duk) – charxning

yigirilayotgan ip o'ralib boradigan qismi; yig. Dukchi – duk yasovchi usta.

QIPCHOQLAR (rus manbalarida – polovetslar, Vizantiya manbalarida – kumanlar) – turkiy xalqlarning eng yirik qabilalaridan biri. Qipchoqlar bir qator turkiy xalqlar shakllanishida muhim rol o'ynagan. Qipchoqlar mil. avv. III – milodiy IV asrlarda SHimoliy-G'arbiy Oltoyda yashaganlar. Qipchoqlarning bir qismi VI asrda G'arbiy Oltoydan chiqib, Mo'g'uliston va Tuva yerlariga, ikkinchi qismi Irtish daryosi yaqinidagi dashtlariga yoyiladilar. XI asrda g'arbdagi qipchoqlar Ural va Volga daryolarining o'rta oqimida yirik etnosiyosiy uyushmaga aylanadilar. XIII-XIV asrlarda qipchoqlar Oltin O'rda davlatining asosiy aholisini tashkil etganlar. Ular madaniy taraqqiyoti darajasiga ko'ra o'zlarining hukmdorlari hisoblangan mo'g'ullardan yuqori darajada bo'lganlar.

Qipchoqlarning Movarounnahrning madaniy mintaqalariga yalpi ko'chib kelishi SHayboniyxon davri (1451-1510 yillar) va keyinchalik Ashtarxoniylar davri (1601-1753)da yuz bergan. XVII-XIX asrlar davomida qipchoqlar o'zbek, qozoq va qirg'iz xalqlari tarkibiga singib ketganlar.

OLTIN BESHIK – Qo'qon xonligini idora etgan Ming sulolasining kelib chiqishi haqidagi rivoyat. Unga ko'ra, 1512 yil Bobur Samarqanddan Farg'ona orqali Hindistonga qochadi, yo'lda Boburning xotinlaridan biri o'g'il tug'adi. Qochoqlar go'dakni qarovsiz tashlab ketishga majbur bo'lishgan. Uni qimmatbaho buyumlar qo'yilgan beshikka yotqizib, sodiq xizmatkorlaridan biriga qoldiradilar. Mazkur joyda yashagan o'zbeklarning qirq, qipchoq, qirg'iz va ming urug'larining vakillari bolani topib olib unga "Oltin beshik" deb nom qo'yadilar. Bola Ming urug'i ovuliga joylashtiriladi. Yillar o'tib uning avlodlari Qo'qon xonligini barpo etadilar.

H.Bobobekovning yozishicha Bobur o'z asarlarida oltin beshik haqida hech narsa demagan, uning zamondoshlari ham uni tilga olmaydilar. SHuning uchun bu rivoyatni Qo'qon xonlari o'z shajaralarini Bobur bilan bog'lash va o'z hokimiyatlarini barqaror etish maqsadida to'qishgan deb hisoblash mumkin.

MANUFAKTURA (lot. manus – qo'l, facere – qilmoq, yasamoq) yirik sanoatlashgan ishlab chiqarishga o'tilishidan oldingi ishlab chiqarish usuli bo'lib, unda ishlab chiqarish qo'l mehnatiga asoslangan.

MANG'IT, mang'itlar – O'rta Osiyo, SHimoliy Afg'oniston, SHimoliy Kavkazda keng tarqalgan turkiy qabilalardan biri. 1923-1926 yil ma'lumotlariga ko'ra, O'zbekiston hududlarida mang'itlarning umumiy soni 130 mingdan ortiq bo'lgan. O'zbekistonda yashovchi mang'itlar bir qancha mayda va yirik urug'larga bo'lingan. Eng yiriklari: oq mang'it, och mang'it, qora mang'it, chala mang'it, boygundi, temirxo'ja, isoboy, gaulak, ko'sa, toz, qorabayir, to'q, baqirchi, kula, tamg'ali, gala botir, uz, uvolay va boshqalar.

Mang'itlar Buxoro xonligining siyosiy hayotida faol qatnashganlar. 1753-1920 yillarda Buxoroni idora qilib kelgan hukmdorlar mang'itlarning to'q urug'idan bo'lishgan.

MANG'ITLAR SULOLASI – Buxoro xonligida hukmronlik qilgan Ashtarxoniylar sulolasidan keyingi uchinchi sulola. Ashtarxoniylar sulolasi davridayoq o'zbek qabilalaridan mang'itlar va qo'ng'irotlarning saroydagi nufuzi baland edi. Abulfayzxon davrida (1711-1747) mang'itlardan bo'lgan Muhammad Hakimbiy barcha shahzodalar otaliqlarining boshlig'i deb tan olinadi. 1740 yilda Nodirshoh boshliq Eron qo'shinlari Buxoroga bostirib kirganida Muhammad Hakimbiy Nodirshoh tomoniga o'tib ketadi. Eronga taslim bo'lish haqidagi shartnoma imzolangach, Muhammad Hakimbiy Buxorodagi eng nufuzli shaxsga aylanib, qushbegi (bosh vazir) lavozimini egallaydi. Butun hokimiyat amalda uning qo'lida to'plandi. 1743 yilda Muhammad Hakimbiy vafot etgach, "qo'g'irchoq xon"ga aylangan Abulfayzxon uning o'g'li Muhammad Rahimbiyga bosh vazirlik lavozimini berishga majbur bo'ladi. Muhammad Rahimbiy Buxoro aslzodalari va ruhoniylarining qo'llab-quvvatlashi bilan 1753 yilda o'zini Buxoro xoni deb e'lon qiladi. Biroq, mang'itlar xon nasliga mansub bo'lmaganligi uchun undan keyingi mang'it hukmdorlari o'zlarini xon deb emas, amir deb ataganlar. Oxirgi Buxoro amiri Olimxon 1920 yilda bolsheviklar tomonidan uyushtirilgan sun'iy "inqilob" natijasida taxtdan ag'darilgan.

Mang'itlar sulolasi vakillari: Muhammad Rahimxon (1753-1758), Doniyolbiy (1758-1785), SHohmurod (1785-1800), Amir Haydar (1800-1826), Amir Nasrullo (1826-1860), Amir Muzaffar (1860-1885), Abdulahadxon (1885-1910), Amir Olimxon (1910-1920).

MANG'LAY, manqlay (mo'g'. – peshona) – temuriylar davri tarixiga oid forsiy adabiyotlarda hamda chig'atoy adabiy tili manbalarida qo'shinning ilg'or qismi, ya'ni avangard. Jangovar tartib – yasolga binoan, mang'laydan bir necha chaqirim oldinda ayg'oqchilik bilan shug'ullangan qoravul va mang'layning o'ng qanotida – barang'ar, so'l qanotida – juvang'ar qismlari harakat qilganlar.

EKSTREMIZM (lot. extremus – o'ta, keskin) – siyosatda va mafkurada ashaddiy,

MARKAZLASHGAN DAVLAT – mamlakatning barcha hududida yagona hukmdor hokimiyati o'rnatilgan davlat. Tarixda Somoniylar, G'aznaviylar, Saljuqiylar, Xorazmshohlar va Amir Temur davlatini markazlashgan davlatlar qatoriga kiritishimiz mumkin

"QOSIMOVCHILIK" – 1929-1930 yillarda sovetlar rejimi tomonidan milliy kadrlarni, ziyolilarni qatag'on qilish maqsadida ataylab uyushtirilgan navbatdagi uydirmasi edi.

1929 y. ikkinchi yarmida O'zSSR Oliy sudining raisi Sa'dulla Qosimov qamaladi. Bolsheviklar hukumatining jazo organlari tomonidan "to'qib chiqarilgan" ayblov asosida bu ishga ataylab, siyosiy tus beriladi. S.Qosimov bilan birga tarix o'qituvchisi Olimov, sud idorasi xodimlari Musaboev va Spiridonov ham qamaladi. Ularga "respublikadagi millatchi tashkilotlar bilan aloqa qilganlikda", go'yo S.Qosimov "o'tirishlarda" "aksilinqilobchilar" bilan qo'shilib "millatchilar partiyasini tuzish haqida fikr bildirgan", degan soxta va asossiz ayblar qo'yiladi. SHuningdek, respublika Bosh prokurori SHaripov "panislomchilikda", tarix o'qituvchisi Olimov "millatchi, aksilinqilobchi g'oyalarni targ'ib qiluvchi bosmachi" sifatida, Musabekov esa, go'yo "biror-bir dinni haqoratlash jinoyatdir" deganlikda ayblanadilar. Bularga qo'yilgan soxta ayblar gazetalarda ataylab e'lon qilinib, xalq ko'z o'ngida ularni "dushmanga" aylantiradilar. Hatto, yolg'on guvohlargacha o'ylab topadilar. Samarqanddagi 2-vino zavodi ishchilari vakillari sudga kelishib "ishchilar nomidan" sudlanuvchilarni otish kerak degan talab bilan chiqishlari uyushtirildi.

Natijada bolsheviklar rejimining "odil sudi" soxta ayblov va soxta guvohlar bergan ko'rsatmaga asoslanib, S.Qosimov, SHaripov, Olimov, Musabekov va Spridonovlarni otishga, qolganlarini esa 10 yildan qamoq jazosiga hukm qiladi.

QULOQLAR (rus. kulak – musht, mushtum) – qarollar, kambag'allar, umuman dehqonlarning yollanma mehnatidan foydalanuvchi katta yer egasi, qishloq boyi; boy yoki o'rtahol dehqon. Mustabid sho'ro tuzumi 1929-1933 yillarda bunday kishilarni "quloq-mushtumzo'rlar" nomi ostida sinf sifatida tugatish siyosatini olib borgan. Quloqlarning yirik, o'rta va mayda xo'jaliklari tugatilib, ularning o'rnida kolxoz va sovxozlar tashkil etilgan. Yangicha tartiblarga bo'ysunmagan yer egalari ta'qib ostiga olinib, Ural, Volgabo'yi va asosan Sibirga surgun qilinganlar, boshqalari esa o'zga yurtlar (Eron, Afg'oniston, Turkiya va b.)ga ko'chib ketishga majbur bo'lganlar.

QULOQ XO'JALIKLARI – inqilobga qadar qishloq xo'jaligida yollanma mehnatdan foydalanib, xo'jalik yurituvchi yirik dehqon xo'jaliklari. Bunday yirik xo'jaliklar 1861 yil Rossiyada krepostnoy huquqning bekor qilinishi tufayli, ayniqsa, tez rivojlana boshlagan edi. Ular qishloqda o'z xo'jaliklarini bozor iqtisodiyoti talablaridan kelib chiqqan holda yurituvchi ishbilarmon-sohibkorlar bo'lishgan. Bunday xo'jaliklarda yollanib ishlovchi dehqonlar aksariyat hollarida o'z mehnati samarasidan manfaatdor bo'lganlar.

Inqilobdan keyin bunday xo'jaliklar chor (podsho) hukumatining qishloqlardagi tayanchi va mehnatkash dehqonlarni ezuvchi sinf sifatida ta'qib ostiga olinib, qatag'on qilinganlar. 1929 yildan boshlangan jamoalashtirish siyosati natijasida 30-yillarning boshiga kelib, quloq xo'jaliklari butunlay tugatildi.

MEHTAR (f. – ulug', janob) – 1) saroy mansablaridan biri. Somoniylar davlatida baobro' shaxslar, davlat arkonlari. Ba'zi manbalarda mehtar "qishloq oqsoqoli" yoki "otboqar, sayis" ma'nolarida ham qo'llanilgan. Buxoro xonligida mehtar hukmdorga yaqin 4 davlat mansabdorlaridan ikkinchisi bo'lib, ba'zan u oliy farmonga muvofiq otdan tushmagan holda saroyga kirishga haqli bo'lgan. Mehtar zimmasiga zakotdan, shuningdek, boshqa tushumlarning xazinadan qonunga binoan zarur o'rinlarda ishlatilishini nazorat qilish vazifasi yuklatilgan zakotchilar boshlig'i; 2) Qo'qon va Xiva xonliklarida davlat xazinachisi; 3) o'rta asrlarda saroy sozandalarining boshlig'i, yetakchi sozanda. Temuriylar zamonida mehtarlar nog'orachilardan keyinchalik surnaychilardan tayinlangan.

MIYONQOL, Miyonkol – O'zbekistondagi Oqdaryo va Qoradaryo oralig'idagi joy. Qadimda Samarqand Sug'di, Nim Sug'd (yarim Sug'd),

Sug'di Xurd (kichik Sug'd) nomlari bilan mashhur bo'lgan. Miyonqol dehqonchilik uchun qulay bo'lib, Xatirchi, Payshanba, Qal'ai Dabus va boshqa shahar va qishloqlarni o'z ichiga olgan. Keyinchalik Zarafshon vodiysining Samarqand bilan Xatirchi oralig'idagi yerlari Miyonqol deb atalgan.

MUNITSIPALITET (lot. municipium – o'zini-o'zi idora qiluvchi jamoa) – bir qancha mamlakatlarda mahalliy o'zini-o'zi boshqaruvchi, saylab qo'yilgan vakillardan iborat organlar majmui. Munitsipalitetlarga mer yoki burgomistr boshchilik qiladi. Munitsipaletetlarning asosiy vazifasi hududlarning ijtimoiy-xo'jalik muammolarini o'z vakolatlari doirasida hal qilishdir. Munitsipalitetlarning asosiy daromad manbai aholidan yig'iladigan mahalliy soliqlar hisoblanadi.

MUNSHIY, munshi (ar. kotib, ijodkor) – O'rta Osiyo xonliklari davrida xonlar va ayrim hokimlarning shaxsiy kotibi. Munshiy lavozimiga odatda, ma'lumotli va chiroyli yozadigan kishilargina olingan. Munshiylar olim va fozil kishilar bo'lganligi uchun oddiy kotib (mirza)lardan farq qilgan. Ular zimmasiga xon va amirlarning maktub va farmonlarini yozish yuklatilgan. Tarixiy asarlarning aksariyati ana shu munshiylar qalamiga mansub.

MURID (ar. – ergashuvchi, talab etuvchi, istovchi) biror ishni qilishga azmu qaror qilgan odam. Pir, eshonga qo'l berib, so'fiylik yo'liga kirgan shaxs. Pirning shogirdi. Butun aqlu irodasini Ollohga qaratib, tariqat sirlarini o'rganuvchi kishi.

MURTAD (ar. – orqaga qaytgan, chekingan) – islom tarixida dindan qaytgan, undan voz kechgan odam. Bunday odamlar eng katta gunoh qilgan hisoblanib, o'limga hukm qilingan.

MURSHID (ar. – yo'l ko'rsatuvchi) – tasavvufda tariqat odoblaridan saboq beruvchi pir, shayx, ustoz.

MUSTOVFIY, mustavfiy – saroy mansabi. 1) G'aznaviylar davlatida moliya devonida kirim-chiqim, pul va qimmatbaho boyliklarni hisobga olish bilan shug'ullanuvchi amaldor; 2) Xorazmshohlar davlatida va viloyat moliya organi (devon al istifo') rahbari, moliya maslahatchisi, viloyat boshqaruv organi a'zosi; 3) Buxoroda Ashtarxoniylar davlat mablag'larining kirim-chiqim ishlari bo'yicha mutasaddi amaldor.7

MUSTAMLAKA TARTIBI – urushib bosib olingan hudud aholisining siyosiy, iqtisodiy, ijtimoiy va ma'naviy qaramga aylantirishga xizmat qiluvchi boshqarish usuli.

MUTAVALLI (ar. – ishboshi, boshqaruvchi) – vaqf mulkiga va undan keladigan daromadga vasiylik qiluvchi, uni taqsimlovchi diniy amaldor. Vaqf yerlarini ijaraga berish, vaqf mulkida xo'jalik ishlarini yuritishni ham mutavalli bajargan. Mutavallilar sadrlarga bo'ysunganlar.

MUTAKALLIMLAR – musulmon ilohiyot olimlari. Ular islom diniy-aqidaviy ta'limoti – kalomni asoslab berganlar. Hozir islom ruhoniylari va ulamolariga nisbatan mutakallim atamasi qo'llanilmaydi, u tarixiy tushunchaga aylangan.

MUTRIB – musiqashunos, sozanda.

MUFTIY (ar. – fatvo beruvchi) – musulmon dunyosida oliy martabali ruhoniy. Muftiy diniy-huquqiy masalalarni izohlash, talqin etish, shariatni tadbiq etish masalalarida hal qiluvchi huquqqa ega. Muftiy qozikalon murakkab deb hisoblovchi turli diniy va huquqiy masalalar bo'yicha shariatga asoslanib fatvo (qaror) chiqargan. Bu fatvo uning yoki bir necha muftiyning muhri bilan tasdiqlangach, qoziga berilar edi. Qozi bu fatvoga asoslangan holda hukm chiqargan.

SHarqning musulmon mamlakatlarida muftiylik hukumat tayinlaydigan rasmiy lavozim hisoblanadi.

NAVRO'Z (f. – yangi kun) – bahorgi kun va tun tengligi paytida O'rta Osiyo va SHarq xalqlari nishonlaydigan qadimiy an'anaviy bayram. SHamsiya (quyosh) yil hisobida yilning birinchi kuni (21 yoki 22 mart). Navro'z dehqonchilik ishlarini boshlash bayrami hisoblanadi. Dastlab, navro'z bayramini o'tkazish o'troq dehqon aholisi orasida rasm bo'lgan, keyinchalik ular orqali yarim o'troq va ko'chmanchi turkiy xalqlarning ham urf-odatlariga aylangan.

Tarixiy ma'lumotlarga ko'ra, Navro'z bayramini nishonlash O'rta Osiyo va Eronda miloddan avvalgi I ming yillikning birinchi yarmidan boshlangan va mazkur hudud xalqlarining eng katta bayramlaridan biri hisoblangan. Bu hududlar VII asrda arablar tomonidan egallanib, islom dini kiritilgach, zardushtiylik dini an'anasi sifatida ta'qiqlangan, ammo xalq o'zi sevgan bayramini nishonlashda davom etgan. IX-X asrlardan boshlab navro'z bayramini o'tkazish yana rasmiy tus olgan. Sobiq sovet tuzumi davrida ham XX asrning 70-80-yillarida navro'z bayramini nishonlash boshqa diniy bayram va marosimlar singari man etilgan edi. O'zbekiston o'z davlat mustaqilligini qo'lga kiritgach, boshqa qadriyatlar qatori navro'z bayrami ham tiklandi va 21 mart O'zbekiston Respublikasining mehnat qonunchiligiga binoan dam olish kuni qilib belgilandi.

NADDOF (ar – taramoq, titmoq) – o'rta asrlarda paxta yoki jun tituvchi, savalovchi kishi. Naddoflar mehnati, asosan, kalavachilik – ip yigiruvchilarga paxtani chigitdan ajratib, savalab berishkdan iborat bo'lgan. Naddoflar shahar aholisining eng kambag'al tabaqasi hisoblanib, bosqinchilik zulmiga qarshi qo'zg'olonlarda asosiy kuchni tashkil etganlar. Jumladan,

Samarqandda mo'g'ullar zulmiga qarshi ko'tarilgan Sarbadorlar qo'zg'oloniga (XIV asrning 60-yillari) naddoflar mahallasining oqsoqoli Abu Bakr Kuluiy (Kalaviy) Naddof boshchilik qilgan edi.

NADIM (ar. – do'st, ulfat) – musulmon davlatlarida, O'rta Osiyo xonliklarida xonlar, podshohlar, amaldorlarning eng yaqin xizmatkori, mahrami va maslahatchisi. Bazmlarda ishtirok etgan kishilar ham bir-birlariga nisbatan nadim hisoblangan.

"NAJMI SONIY" – ikkinchi yulduz. Eron shohi Ismoil I (1502-1524) Safaviyning 1512 yil kuzida Boburga ko'chmanchi o'zbeklarga qarshi kurashda yordam berish uchun yuborgan sarkardasi Amir Najmiddin Yor Ahmad Isfahoniyning (? - 1512) laqabi. U mazkur laqabni VII asr oxiridagi arab sarkardasi nomidan olgan. 1512 yil 12 oktyabrda Najmi Soniy boshliq eron qizilboshlilar qo'shini G'ijduvonni qamal qilganida shayboniylar qo'shinining shiddatli hujumiga duch keladilar va shu jangda Amir Ahmad o'ldiriladi.

NASAF, Naxshab – Qarshi vohasida, Qashqadaryoning quyi oqimi bo'ylarida joylashgan o'rta asr shahri va viloyati nomi. Qarshi shahridan 8 km shimoliy-g'arbdagi SHulluktepa shahar xarobasi o'rnida bo'lgan. VII-VIII asrlarda Nasaf mahalliy hokimlari mis tangalar (fals) zarb qildira boshlaganlar. Arablar istilosidan so'ng Nasaf viloyatining ma'muriy markazi bo'lib, bu davrda mudofaa devorlari bilan o'ralgan mustahkam shaharga aylangan. XIV asrda Nasaf Qarshi nomini olgan.

NASORO (ar. – nasroniy so'zining ko'pligi; masihiylar, xristianlar) – Qur'onda Iso payg'ambarga ergashgan dindorlarning atalishi. Rivoyatlarga ko'ra, Iso Masih Nosira (Nazaret) shahrida tug'ilgan bo'lib, uni Nosiriy deb atar edilar. Unga ergashgan kishilarni esa nasroniy deb yurita boshlaganlar.

NASRONIYLIK – qarang. Nasoro, Xristianlik.

NASTA'LIQ XATI – XIV asrda shakllangan arab mumtoz xati uslublaridan biri bo'lib, XV asrda O'rta Osiyo hududlariga ham keng tarqaladi. Nash va ta'liq xatlari asosida yaratilganligi uchun shunday nomlangan. Nasta'liq xatida yozilgan yozuvlarning 5/6 qismi egri, 1/6 qismi esa to'g'ri chiziqlar asosida yoziladi.

NATURAL XO'JALIK (lot. natura – tabiat) – o'z ehtiyojlarini o'zi yaratgan mahsulot va xizmatlar bilan qondiradigan xo'jalik. Natural xo'jalik qo'l mehnatiga asoslanadi, mehnat unumdorligi past bo'lgan qo'hna mehnat qurollari ishlatiladi. O'rta Osiyoda qadimda mavjud bo'lgan yerlarni og'zaki kelishuv asosida ijaraga berish, ijara haqini mahsulot tarzida olish, hosildan kafsan tarqatish kabi munosabatlarni natural xo'jalik alomatlari deb hisoblash mumkin. Natural xo'jalikning eng muhim belgisi uning bozordan ajralgan bo'lishidir. Yetishtirilgan va tayyorlangan maxsulot bozorga, sotish uchun chiqarilsa, bunday xo'jalik tovar xo'jaligi deyiladi. Natural xo'jalikning ayrim ko'rinishlari Osiyo, Afrika va Lotin Amerikasining o'rmonzor va chakalakzorlarida ovchilik va termachilik bilan shug'ullanuvchi qabilalarda hozir ham saqlanib qolgan.

NAFTANDOZ (ar. "naft" – neft, f. "andoz" – otmoq) – neftni yondirib otish quroli. O'rta Osiyodagi ko'plab shahar xarobalaridan konussimon idishlar (simob ko'zachalar) topilgan. Ularning aksariyati naqsh va bezaksiz. V.L.Vyatkin Afrosiyobdan ustiga "fath" – g'alaba deb yozilgan shunday idish topgan. O'rta asrlardagi qo'shinlar tarkibida maxsus naftandozlar qismi mavjud bo'lgan. XVI asrdan keyingi tarixiy manbalarda naftandoz atamasi uchramaydi.

NAXSHAB – qarang: Nasaf.

NAQIB, naqibxo'ja (ar. – boshliq, sardor, qabila boshlig'i, rais) – o'zlarini Muhammad Payg'ambarning avlodlari deb hisoblaydigan sayidlar jamoalarining yetakchilari rahbarlarining lavozimi. Naqib lavozim sifatida arab xalifaligi davrida vujudga kelgan bo'lib, hukmron doiralar naqib orqali sayidlar jamoalari bilan muomala qilganlar.

SHayboniylar davrida naqib mansabining ahamiyati yanada kuchaygan va devonbegidan keyingi ikkinchi muhim davlat mansabiga aylangan. Naqib xonning eng yaqin va ishonchli kishilaridan hisoblangan. Rasmiy qabul marosimlarida uning oliy hukmdor chap tomonidan birinchi bo'lib joy olishi naqibning saroyda tutgan yuksak maqomidan dalolat beradi. Xonning farmon-yorliqlarida ham naqib nomi birinchi bo'lib zikr etilgan. Davlatning ichki va tashqi siyosati va harbiy masalalarda oliy hukmdorning birinchi maslahatchisi sifatida qaralgan naqiblarga mas'uliyatli elchilik vazifalari ham yuklatilgan. Xiva xonligida naqib harbiy mansabdor bo'lib, u urush safari vaqtida qo'shin tuzish, uni qurollantirish, o'z vazifasiga noloyiq harbiy boshliqlarni almashtirish kabi ishlar bilan shug'ullangan. Xon saylovi vaqtida naqib ishtirok etgan. Naqiblar xazina hisobidan ta'minlanib turilgan.

NIMKORLIK (f., toj. – tugallanmaganlik, yarim bajarilganlik) – xususiy egalikda bo'lgan yerni ijaraga olib foydalanish shakli. Nimkorlikda kam yerli yoki ot-ulovi yetishmaydigan dehqon olgan hosilning yarmini berish sharti bilan yerga ekin ekkan. Nimkorlik O'rta Osiyoda XX asrning 20-yillariga qadar mavjud bo'lgan.

NOZIR (ar. – kuzatuvchi, nazoratchi) – 1) O'rta Osiyo xonliklarida saroy ta'minoti va uning xarj qilinishini nazorat qilib turuvchi mansabdor;

2) XX asr boshlarida Buxoro va Xorazm Xalq Respublikalarida (1920-1924 y.y.) savdo, sanoat, harbiy va boshqa sohalar bo'yicha xalq nozirlari tayinlangan bo'lib, ular o'sha soha bo'yicha ishning borishiga javobgar hisoblanganlar.

NOYIB, noib (ar. – o'rinbosar, yordamchi) – o'rta asrlarda musulmon davlatlarida tobe o'lka yoki viloyat hokimi. Noyiblar odatda oliy hukmdorning o'rinbosarlari hisoblangan. 1) Oltin O'rdada noyib xonning yirik viloyatlardagi yordamchisi; 2) Amir Temur saltanatida sohibqironning farzandlari, nevaralari, yaqin safdoshlari turli o'lka va viloyatlarga noyib etib tayinlangan. Noyib unga ishonib topshirilgan hududning siyosiy, iqtisodiy va ijtimoiy holati uchun mas'ul hisoblangan.

NOMENKLATURA (lot. nomenklatura – nomlar, ismlar ro'yxati) – 1) fan-texnika va boshqa biron bir tarmoqda ishlatiladigan nomlar va atamalar majmuasi yoki ro'yxati; 2) Biron-bir rahbar organ tomonidan tayinlanadigan yoki tasdiqlanadigan mansabdor shaxslar va ularning ro'yxati.

NUMIZMATIKA (lot. numisma – tanga) – tangashunoslik fani. Qadimiy tangalardagi belgi-rasmlar, tasvirlar, tamg'alar va yozuvlar orqali ijtimoiy-siyosiy tarixning ayrim jihatlarini o'rganuvchi tarixning yordamchi fan sohasi. Numizmat – tanga va nishonlarni yig'uvchi numizmatika fanining mutaxassisi.

NO'YON, no'yonlar (mo'g'. noyon, noyin – janob) – o'rta asrlarda Mo'g'ulistonda oliy tabaqa vakillari. CHingizxon imperiyasi tashkil topguniga qadar no'yonlar urug'-qabila aslzodasi sifatida o'zlariga taalluqli qavmlarga boshchilik qilganlar. Mo'g'ullar davlatida (XIII-XIV asrlar) chingiziy shahzodalar, tumanboshilar, mingboshilar, yuzboshilar, umuman barcha "oqsuyaklar" no'yon deyilgan. Keyingi davrlarda (XVI-XIX asrlar) no'yonlar markazlashgan xon hokimiyatidan mustaqil bo'lgan mulk hokimlari hisoblangan. SHu davrlarda no'yon so'zi antrotoponim tarkibiy qismiga aylangan va kishi nomidan keyin qo'yib ishlatilgan.

OBJUVOZ (f. – "ob" – suv, + "juvoz" – yog'och, yoki tosh o'g'ir) – sholining po'stini olib, uni guruchga aylantiradigan suv kuchi bilan harakatlanadigan qurilma.

OYROT XONLIGI, (Jung'or xonligi) – Jung'oriyada 1635-1758 yillarda hukm surgan o'rta asr davlati. Ili vodiysida yashayotgan oyratlarning cho'ros urug'i vakili Botur Xuntayji rahbarligida Yorkend xonligidan ajralib chiqishi natijasida barpo etilgan. Xon o'rdasi Ili vodiysida joylashgan. Oyrat xonligi sharqiy qo'shnisi Xitoyning TSin imperiyasiga (1644-1911), g'arbda esa O'rta Osiyo xonliklariga jiddiy xavf solib turganlar. Xonlik TSin imperiyasi tomonidan yo'q qilingan.

OLTIN O'RDA – tarixiy manbalarda Jo'ji

ulusi deb ham yuritiladi. XIII asrning 40-yillarida Jo'jining o'g'li Botuxon (1208-1255) tomonidan bosib olingan SHarqiy Yevropa Jo'ji ulusiga qo'shilgach, tashkil topgan davlat Oltin O'rda deb atalgan. Oltin O'rdaning poytaxti dastlab Astraxan yaqinidagi Saroy Botu, keyinchalik esa Volga bo'yidagi Saroy Berka shaharlari bo'lgan. Oltin O'rda xonlari quyi Dunay va Fin qo'ltig'idan Irtish havzasi va Obgacha, Qora, Kaspiy va Orol dengizlari, hamda Balxash ko'lidan Novgorod yerlarigacha bo'lgan hududlarda hukmronlik qilishgan. XV asrning 20-yillarida Oltin O'rdadan Sibir xonligi, Qozon xonligi (1438), Qrim xonligi (1443), No'g'oy xonligi (1440), Astraxan xonliklari va Rus yerlari (1480) ajralib chiqqan.

OTALIQ – otasining o'rnini bosmoq mazmunini beruvchi mansab. Dastlab Saljuqiylar sulolasi davrida (1038-1194) hukmdor e'tiborini qozongan kishilarga berilgan. Otaliqning vazifasi shahzoda yoki xonzodalarni tarbiyalash va ular ixtiyoridagi ulusni balog'atga yetganlariga qadar boshqarishdan iborat bo'lgan. Tarixda ba'zi otaliqlar hokimiyatni o'z qo'llariga olgan hollar ham bo'lgan. CHunonchi, Ashtarxoniylar sulolasi davrida (1601-1753) Balxda Mahmudbiy otaliq (XVIII asr boshlari), Mang'itlar sulolasi hukmronligi davrida (1753-1920) Buxoroda Muhammad Raxim otaliq (1753-1758) mana shunday yo'l bilan hokimiyatni egallagan edilar.

OTAR – yaylovda qo'shib boqish va saqlash uchun shakllantirilgan qo'y podasi. Otar uchun jinsi, yoshi, nasldorlik xususiyatlari bo'yicha bir xil zotli qo'ylar, sovliqlar esa qochirish muddatlarini hisobga olgan holda olinadi.

OTIN – eski diniy maktablarda qizlar o'qituvchisi. Otinlar ayollar o'rtasidagi diniy marosimlarni o'tkazishda boshchilik qilib, ularga diniy ta'limot berib, ulardan tushadigan daromad hisobiga yashaganlar.

OTLANUV – Xiva xonligida aholining xon ovida qatnashish uchun lashkarlikka kelish majburiyati.

OFTOBACHI (f. "oftoba" – ko'za, obdasta) – O'rta Osiyo xonliklari davrida saroyda hukmdorning qo'liga suv quyuvchi shaxs bo'lib, yuqori mavqega ega bo'lgan lavozimlardan biri hisoblangan. Saroyga kelgan mehmonlarga ham oftobachi xizmat qilgan. Oftobachi davlat ishlari bilan shug'ullanuvchi mansabdor ham bo'lgan. Masalan, Qo'qon xonligida Xudoyorxon davrida Abdurahmon oftobachi mas'uliyatli davlat topshiriqlarini ado etgan.

OSHLIG' – oziq-ovqat solig'i bo'lib, o'troq aholidan yig'ilgan. Muarrix Muhammad Solihning so'zlariga qaraganda, oshlig'ni asosan urush paytida to'plaganlar. Demak, uni favqulodda to'planadigan soliqlar jumlasidan deb aytish mumkin.

yashayotgan shaxslar qatnashadilar.

MAHDIY (ar. – Alloh tomonidan to'g'ri yo'lga yetaklanuvchi) – islomdagi shialik oqimida zamona oxir bo'lganda yerga qaytib kelib adolat o'rnatadi, deb tasavvur qilinadigan payg'ambar avlodlaridan bo'lgan imom. SHialikda Mahdiyga e'tiqod qilish katta o'rinni egallaydi va bu e'tiqod mahdiylik deb ataladi.

MAHRAM (ar. qarindosh) – 1) shariatda o'zaro nikoh man etilgan va eng yaqin qarindoshlik aloqasi bo'lgan erkak va ayol. SHaxsning eri yoki xotini mahram hisoblangan. 2) xonliklar davrida xonga yaqin, uning hamma yig'inlarida qatnashish huquqiga ega bo'lgan mansabdor.

MEZANA (ar.) – minoraning yuqori qismi, muazzin azon aytadigan joy. Biror bino (peshtoq, darvozaxona) ustiga qurilishi mumkin. Mezana aylana shaklida va ko'p qirrali bo'ladi. Ko'pincha ravoqsimon darchalar qatoridan iborat. Mezananing teppasi gumbazcha (qubba) bilan yopiladi. Ba'zan ochiq ham bo'lishi mumkin.

QIZILBOSHLAR – Eron Safaviylar davlati (1502-1736 yillar) lashkarlarining nomi. Ismoil Safaviy (1502-1524) askarlari o'n ikkita qizil yo'lli salla o'rab yurishar edi. Bu 12 ta qizil yo'l shia imomlarining sharafiga chizilgan. SHu sababli bu lashkar shunday nom olgan. SHoh Abbos I (1587-1629) o'tkazgan harbiy islohotlar dan so'ng muntazam qo'shin tuzilgach, qizilboshlarning mavqei pasaygan.

MASHVARAT – maslahat majlisi. O'rta asrlarda davlat ishlari muhokama etilib, qarorlar qabul qilinadigan majlis. Mashhur saljuqiy vazir Nizomulmulkning "Siyosatnoma" asarida mashvaratning ahamiyati bunday ta'riflangan: "Davlat ishlari to'g'risida boshqalar bilan maslahatlashmoq insonning fikrini kuchaytiradi, uzil-kesil qaror qabul qilishiga va oldindan ko'ra bilishiga yordam beradi. CHunki, har bir kishining o'ziga yarasha bilimi bor. Birov ko'proq, boshqasi ozroq biladi. Ba'zi birovlar bilimi bo'lsa-da, uni tajribasi yo'qligi sababli ishga sololmaydi. Yana birov bilim egasi bo'lish bilan bir qatorda uni tadbiq ham qila oladi, chunki u tajribaliroqdir". Sohibqiron Amir Temur "Temur tuzuklari"da muvaffaqiyatlarimning o'ndan birini qilich bilan, to'qqiz ulushini mashvarat bilan qo'lga kiritdim deb yozadi.

MASHRIQ (ar.) – 1) dunyoning to'rt tomonidan biri, sharq, kunchiqar tomon, sharqiy o'lkalar; 2) Arab SHarqining nomi, Xuroson va Movarounnahr ham ba'zi tarixiy manbalarda mashriq deb atalgan; 3) Mashriq mamlakatlari – SHarq mamlakatlari. Mashriqdan mag'ribgacha – sharqdan g'arbgacha.

KO'HNA URGANCH – hozirda Turkmanistonning Toshhovuz viloyatidagi shahar. Toshhovuz shahridan 105 km shimoliy-g'arbida joylashgan. Asl nomi Gurganj, arab geograflari asarlarida Jurjoniya deb tilga olinadi.

Mil.avv. I asr Xitoy manbalarida Yue-Gan yoki Yue-TSzyan shaklida qayd qilingan. Ko'hna Urganch X-XIV asrlarda Xorazm davlatining poytaxti bo'lib, Xorazm va Movarounnahrda eng katta shaharlardan biri bo'lgan. XV-XVI asrlarda Amudaryo suv rejimining o'zgarishi munosabati bilan shaharning madaniy va iqtisodiy rivojlanishida bir oz turg'unlik ro'y beradi. 1646 yilda Xiva xoni Abulg'oziy Bahodirxon (1643-1664) hozirgi Urganch shahriga asos soladi. SHundan keyin qadimgi shaharning nomi Ko'hna Urganch bo'lib qoladi.

"QIRQ QIZ" – qoraqalpoq xalq qahramonlik eposi. Asar erksevarlik, vatanparvarlik va gumanizm g'oyalari bilan sug'orilgan bo'lib, unda Olloyor boyning yagona qizi Guloyimning qirq dugonasi va o'z oshig'i Arslon bilan Eron shohi Nodirshoh va qalmoq xoni Surtoyshiga qarshi kurashi tasvirlanadi.

QOZI (ar. – ijro etuvchi, hukm chiqaruvchi) – shariatda sudya, huquqiy ishlarni hal etuvchi vazifasini bajaruvchi mansabdor. Qozi, shuningdek, vasiylikka, vasiyatning bajarilishiga, meros taqsimotiga tegishli ishlarni amalga oshirgan. Qozilar hukmi qat'iy bo'lib, ular ustidan faqat xon va amirga shikoyat qilishgan. Qozikalon eng yuqori darajadagi qozi bo'lib, u hamma qozilar ustidan nazorat qilgan. Qozilar hukmdor tomonidan tayinlangan.

QOZIASKAR – musulmon SHarq

mamlakatlarida harbiy xizmatdagilarning qozisi. Xon safarga chiqqanida qoziaskar unga hamroh bo'lib, o'z vazifasiga tegishli ishlar bo'yicha xonga shaxsan o'zi ma'lumot bergan. Qoziaskar rasmiy qabul marosimlarida xonning o'ng tomonida qozikalondan keyin, ikkinchi o'rinda o'tirgan.

QOZIKALON – xonliklar davrida sud ishlariga yetakchilik qiluvchi amaldor. Buxoro amirligida poytaxt qozisi, hamda davlatning oliy qozisi. Amir aralashmaydigan barcha qozilik ishlariga rahbarlik qiluvchi oliy davlat lavozimi. Qozikalon "shariatpanoh" deb ham atalgan. Qozikalon huzurida a'lam va 12 muftiydan iborat devon tuzilgan. Uning vazifasi jinoiy ishlarni sinchiklab ko'rishdan iborat bo'lgan.

QOZOQLIK – toj-taxtga da'vogarlik qilib yurgan biron shahzodaning o'z maqsadiga erishish niyatida boshqa biron sohibi saltanatning xizmatini o'tab yurgan kezlaridagi turmush tarzi. Amir Temur bir paytlar shu niyat bilan Mo'g'uliston va Seyiston podshohlari xizmatida bo'lgan.

QOPCHUR, QUBCHUR – uy hayvonlari uchun olingan soliq turi. 1235 yili O'qtoy qoon tomonidan joriy etilgan. Qopchur solig'ining miqdori yuz bosh hayvondan birini, ba'zan qirqdan birini tashkil etgan. Ushbu soliq turi dastlab ko'chmanchi chorvador qabilalardan, keyinchalik esa, o'troq aholidan ham undiriladigan bo'lgan.

QURULTOY (turk.-mo'g'. – xurultay) kengash, majlis, s'ezd – turkiy xalqlar va mo'g'ul xalqida qadimdan mavjud bo'lgan turli harbiy kengashlar va majlislarning umumiy nomi.

QUR'ON (ar. – o'qimoq, qiroat qilmoq) – yer yuzi musulmonlarining asosiy muqaddas kitobi, dasturamali, diniy ahkomlar manbai. Muhammad Payg'ambarimiz 40 yoshga to'lgan vaqtlarida Haq taolo Jabroil alayhissalom orqali payg'ambarlik vahiysini yubora boshlagan. Qur'oni karimning birinchi oyati ham shu ondan nozil qilina boshlangan. Qur'oni karimning sahifalarini jam qilish va to'liq kitob shakliga keltirish Muhammad Payg'ambar vafotidan keyin boshlanib, bu ish xalifa Usmon zamonida (644-656) yakunlanadi. SHu davrda yaratilgan Qur'onning to'rtta nusxasidan bittasi Turkistonga ham yetib kelgan bo'lib, u hozirda Movarounnahr diniy idorasi kutubxonasida saqlanmoqda.

Qur'oni karimda 114 ta sura, 6236 ta oyat bor.

QUTVOL (hind. "qut" – qal'a, ar. "voliy" – hokim) – qal'a hokimi demakdir.

QUSHBEGI – 1) Qush ovi yoki davlat boshlig'ining ov safari va u bilan bog'liq masalalar mutasaddisi;

2) Xiva xonligida qushbegi mehtardan keyin turgan. U xonlikning shimoliy qismiga mutassaddi bo'lgan. Qo'qon xonligida qushbegi

harbiy qo'shinning boshlig'i bo'lib, bu mansab harbiy yurish va jang paytlarida berilgan. Qushbegi mingboshi unvonini olishga da'vogar bo'lgan.

QO'NALG'A – xonliklarda elchilar va amaldorlarga ko'chib o'tish uchun joy berish majburiyati.

QO'NG'IROTLAR SULOLASI – 1770-1920 yillarda Xiva xonligini idora etgan xonlar sulolasi. Asoschisi Muhammad Amin inoq. Muhammad Amin inoq va o'g'li Avaz Muhammad inoq taxtga chingiziy qo'g'irchoq xonlarni o'tqazib davlatni amalda o'zlari boshqargan. Eltuzar 1804 yilda Abulg'oziyxon V Yodgorxon o'g'li (1802-1804)ni taxtdan tushirib o'zini xon deb e'lon qilgan.

Qo'ng'irotlar sulolasining vakillari: Muhammad Amin (1770-1790), Avaz (1790-1804), Eltuzarxon (1804-1806), Muhammad Rahimxon (1806-1825), Olloqulixon (1825-1843), Rahimqulixon (1843-1846), Muhammad Aminxon (1846-1855), Abdullaxon (1855-1856), Qutlug'murodxon (1856), Said Muhammadxon (1856-1864), Muhammad Rahimxon II (1864-1910), Asfandiyorxon (1910-1918), Said Abdullaxon (1918-1920).

"QO'RA BOSHI" – Qo'qon xonligida ko'chmanchi qabilalardan olinadigan soliq-zakot turi. U chorvadorlardan mol boshiga va qo'rasiga qarab olinar edi. Bu zakot qishda mollar qo'ralarida turganida yig'ib olinar edi.

QO'RBOSHI – 1) o'rta asrlarda O'rta Osiyo va ayrim SHarq davlatlarida dastlab shaharni tunda qo'riqlovchi shaxs, keyinchalik zindon boshlig'i, qurol-yarog' ombori mutasaddisi. 2) Turkiston o'lkasida Oktyabr to'ntarishigacha bo'lgan davrda mahalliy politsiya, mirshablarning boshlig'i; 3) O'rta Osiyoda sho'rolar hokimiyati o'rnatilganidan so'ng (1917 yil) ularga qarshi kurash olib borgan milliy-ozodlik harakati (istiqlolchilik) harbiy rahbarlarining unvoni.

QO'RCHI – tarixiy atama. 1) o'rta asrlarda Turkiston va ayrim SHarq davlatlarida turkiy qabilalarning e'tiborli va ishonchli kishilardan saroyda tuzilgan maxsus saralangan harbiy qism jangchilari, hukmdorlar va nufuzli a'yonlarning shaxsiy qo'riqchilari; 2) Temuriylar davrida ekinzorlarni qo'riqlovchi harbiy qism jangchilari. Ularning boshliqlari qo'rchi boshi, qurol-aslahalar saqlanadigan joy qo'rxona deyilgan.

QO'HNA URGANCH – X-XIII asrlarda Xorazm davlatining poytaxti bo'lgan shahar. 1221 yilda shaharni CHingizxon qo'shinlari vayron etadilar. XVI asr oxirida Amudaryo o'zanini o'zgartirgach, Abulg'ozixon (1643-1663) Yangi Urganch shahriga asos solgan edi. SHundan keyin qadimgi shaharning nomi Qo'xna Urganch bo'lib qolgan. U hozir Turkmanistonning Toshhovuz viloyatida joylashgan bo'lib, XII-XIV asrning yodgorliklari Fahriddin Roziy, Sulton Takash, Najmiddin Qubro maqbaralari, jome masjidi, minorasi hamda karvonsaroy qoldiqlari hozirgacha saqlangan.

QO'SH – harbiy yurishlar paytida hukmdor qarorgohi, o'rdu, lager.

QO'SHBEGI – 1) qo'sh, ya'ni harbiy qarorgoh va lagerning boshlig'i; 2) Buxoro amirligida mang'itlar sulolasi davrida bosh vazir, amirdan keyingi oliy mansab. Qo'shbegiga barcha viloyatlar va bekliklarning hokimlari va beklari bo'ysungan hamda amir poytaxtda bo'lmagan paytida amirlikning barcha ishlarini boshqargan. Qo'shbegi Buxoro atrofidagi 11 ta tumanni amir nomidan boshqargan.

QO'SH PULI – Buxoro amirligida XX asr boshlarida har bir juft ish hayvoni hisobidan olinadigan soliq turi.

QO'QON XONLIGI – Farg'ona vodiysi va unga tutash hududlar XVIII asr boshlariga qadar Buxoro xonligi tarkibiga kirar edi. 1711 yilda Ming qabilasi boshliqlari Buxorodan o'z mustaqilliklarini e'lon qiladilar. Ming qabilasi yo'lboshchilaridan biri SHohruxbiy (1911-1721) hukmdor deb e'lon qilinadi. Tepaqo'rg'on uning qarorgohiga aylantiriladi. Abdulkarimbiy davrida (1733-1750) xonlik poytaxti Qo'qon shahriga ko'chiriladi. Qo'qon xonligi 1711-1876 yillarda hukmronlik qilib, Olimxon (1798-1810) va Umarxonlar davrida (1810-1822) Farg'ona vodiysidan tashqari SHarqiy Turkiston, Oloy, Toshkent va shimolda Oqmachit qal'asigacha bo'lgan hududlar xonlikka bo'ysundiriladi. Oxirgi qo'qon xoni Xudoyorxon (1865-1875)ga qarshi ko'tarilgan Po'latxon qo'zg'olonini (1873-1876) bostirish bahonasida kelgan chor Rossiyasi qo'shinlari qo'zg'olonni bostirib, Qo'qon xonligini ham tugatadilar va Turkiston General Gubernatorligiga qarashli Farg'ona viloyatini tashkil etadilar.

Qo'qon xonlari: SHoxruhbiy (1709-1721), Abduraximbiy (1721-1733), Abdulkarimbiy (1733-1750), Abduraximxon (1750), Erdona (1751-1762), Bobobek (1752-1753), Sulaymon (1762-1763), Norbo'tabek (1763-1798), Olimxon (1798-1810), Umarxon (1810-1822), Muhammad Alixon (1822-1842), SHeralixon (1842-1844), Murod (1844), Xudoyorxon (1845-1858, 1862-1863, 1865-1875), Xudoyqulbek (1865 (14 kun), Mallaxon (1858-1862), Sulton Saidxon (1863-1865).

9 SINF

AYMOQ – 1) mo'g'ul va turkiy xalqlarda qadimgi urug'larning parchalanishidan kelib chiqqan turli tarmoqdagi o'zaro qon-qardosh oilalar birlashmasi yohud ittifoqi; 2) O'rta asrlarda mo'g'ullarda yirik yer-mulk, ba'zan xonlik.

AKTSIZ (fr. accise – qirqib olmoq) – keng iste'mol tovarlari, eng muhim xom-ashyolarga, shuningdek, xizmatlar uchun davlat tomonidan solinadigan qo'shimcha soliq turi. Muayyan tovar narxiga ko'rsatilgan xizmat (kommunal, transport va b.) haqiga qo'shimcha ustama soliq sifatida qo'shiladi va uni to'lovchilar bevosita xaridorlar hisoblanadi. Aktsiz davlat byujetida daromadlarning muhim qismini tashkil etadi.

AKTSIONERLIK JAMIYATI – turli korxona, tashkilot, bank, kompaniya va ayrim shaxslar pul mablag'larini sherikchilik asosida va sohibkorlik maqsadida birlashtiradigan jamiyat. Muomalaga nominal qiymati ko'rsatilgan aktsiyalar chiqarish va uni sotish bunday jamiyatning moliyaviy negizini tashkil etadi. Aktsiya egalari-shirkatchilar divident shaklida daromad oladilar. Aktsionerlik jamiyati ikki turda bo'lib, yopiq va ochiq aktsionerlik jamiyati ko'rinishlarida bo'ladi. Yopiq aktsioner jamiyatda jamiyat aktsiyalari faqat uning ta'sischilari o'rtasida taqsimlanadi. Ochiq aktsioner jamiyatda jamiyat aktsiyalari erkin sotiladi va sotib olinadi.

AKTSIYA (nem. aktie – qimmatli qog'oz) – aktsioner jamiyat chiqargan qimmatli qog'oz. Aktsiya egasining shu jamiyat mablag'iga qo'shgan hissasini va shunga muvofiq topilgan foydaning bir qismini divident (foyda, daromad) tariqasida, uni boshqarib turishda qatnasha olishini tasdiqlaydi. Aktsiya qimmatli qog'ozlar bozorida oldi-sotdi qilinadi. Aktsiya qiymati aktsiyada qayd qilingan pul miqdoridir.

ANDIJON QO'ZG'OLONI – 1898 yilda Muhammad Ali eshon (Dukchi eshon) boshchiligida Farg'ona vodiysida Chor mustamlakachilariga qarshi ko'tarilgan qo'zg'olon. Qo'zg'olon markazi asosan Andijon uezdi bo'lganligi sababli tarixda shunday nom olgan.

ANNEKSIYA (lot. annexio – bog'lamoq, qo'shib olmoq) – agressiya turi. Boshqa davlat hududining yoki o'zga elatning hammasini yoki bir qismini zo'rlik bilan o'ziga qo'shib (bosib) olish, shuningdek, o'zga davlat doirasida biron elatni zo'ravonlik bilan saqlab turish.

ANNULYATSIYA (lot. annullo – yo'q qilaman) – biron-bir hujjat, shartnoma, huquqlar yoki vakolatlarning bekor qilinishi, ularning haqiqiy emas deb topilishi.

ANTANTA (fr. entente – samimiy) – 1904 yil Angliya va Frantsiya o'rtasida mustamlakalar uchun kurashdagi raqobatchi davlatlar (Germaniya, Avstro-Vengriya)ga qarshi kurashish uchun tuzilgan harbiy ittifoq. 1907 yilda bu ittifoqqa Rossiya ham qo'shiladi. Birinchi jahon urushi (1914-1918) asosan Antanta va Uchlar ittifoqi davlatlari o'rtasida bo'lib o'tgan edi.

ANTIMONOPOL SIYOSAT – iqtisodiyotni monopoliya (yakka hukmronlik)dan xalos etish va monopoliyalarni cheklab qo'yishga yo'naltirilgan davlat siyosati. Antimonopol siyosatidan ko'zlangan asosiy maqsad tovar ishlab chiqaruvchilar o'rtasida sog'lom raqobatni vujudga keltirish va shu orqali tovarlar narxini tushirishdir.

ANTOGONIZM (lot. antagonisma – bahs, kurash) – bir-biriga qarama-qarshi kuchlar, g'oyalarning keskin kurashini ifodalaydigan ziddiyat.

ANTROPOLOGIYA (yun. anthropos – odam, logos – fan) – qadimgi odamlarning kelib chiqishi, tashqi ko'rinishi va rivojlanish bosqichlarini o'rganuvchi fan.

ANSI – qadimgi Xitoy manbalarida Eron (Parfiya) shunday nomlangan.

APELLYATSIYA (lot. appellatio – murojaat, shikoyat) – sud yoki boshqa organlar qaroriga qarshi ulardan yuqori pag'onada turuvchi organlarga paymol etilgan huquqlarini tiklash uchun murojaat qilish.

ARBOB (ar. – xo'jayin, ega so'zining

ko'pligi) – 1) ijtimoiy-siyosiy va boshqa faoliyati bilan xalqqa tanilgan, el orasida obro' qozongan mashhur shaxs; 2)boshliq, rahbar, qishloq oqsoqoli 3) XVIII asr o'rtasi – XX asr boshlarida Buxoro amirligidagi qishloq miroblarining boshlig'i.

AMUDARYO BO'LIMI – CHor Rossiyasi 1873 yilda Xiva xonligini o'ziga bo'ysundirib, Gandimiyon shartnomasi imzolangach, Xiva xoni faoliyatini nazorat qilib turish uchun tuzilgan bo'lim. Amudaryo bo'limining qarorgohi Petroaleksandrovsk (hozirgi To'rtkul)da joylashgan bo'lib, Rossiya imperiyasi nomidan Turkiston General gubernatorligi va Xiva xonligi o'rtasidagi munosabatlar shu yerdan turib boshqarilgan. Amudaryo bo'limi 1917 yilga qadar faoliyat ko'rsatdi.

ANARXIYA (yun. anarchia – hokimiyatsizlik) – bir yoki bir necha shaxslar guruhining hokimiyatga bo'ysunmasligi natijasida kelib chiqadigan tartibsizlik. Sobiq SHo'rolar davlatida o'tgan asrning 80-yillar oxirida ijtimoiy-siyosiy inqiroz natijasida xuddi shunga o'xshash hokimiyatsizlik va boshboshdoqlik vujudga kelgan edi. 1989 yil iyul oyidan I.A.Karimov O'zbekiston rahbari etib tayinlangach, jamiyatimizdagi ana shu illatlarga asta-sekin barham berila boshlandi.

BEGOR (f. – majburiy va bepul xizmat) – O'rta Osiyoda o'rta asrlarda mavjud bo'lgan majburiy ishlab berish majburiyati bo'lib, mehnatkash xalq xon va mahalliy hukmdorlar tarafidan davlat va feodallarning turli qurilishlarida tekinga 12 kunlik ishlab berish majburiyati (hashar). Begor O'rta Osiyo va Eronda VIII asrdan, Hindiston va Afg'onistonda esa X asrdan mavjud. Begor majburiyati XVIII-XIX asrlarda ham bo'lgan. Begorni o'rta asr yevropasidagi barshchinaga qiyoslash mumkin.

BEKLARBEGI – yuqori ma'muriy unvon va lavozim; viloyat va katta shahar hokimlari. Bu lavozim O'rta Osiyo, Kichik Osiyo va Zakavkaze turkiy xalqlarida XIX asr oxirigacha saqlangan. Beklarbegining asosiy vazifasi soliq va majburiyatlarni o'z vaqtida to'lanishini ta'minlash, hukmdor farmonlarini amalga oshirish edi. Beklarbegi o'z qo'l ostidagi viloyat (beklarbegilik)larda o'ziga bo'ysunuvchi alohida vazir, shayxulislom, sadr kabi mansabdorlarga ega bo'lgan.

BIY, BEK – 1) ko'chmanchi va yarim ko'chmanchi turkiy xalqlarning, jumladan o'zbeklarning urug' oqsoqollariga berilgan unvon. Biylar XVIII-XIX asrlarda yirik o'zbek qabilalariga boshchilik qilib, faqat markaziy hokimiyatga itoat etganlar. Xonlar ular bilan murosada bo'lishga harakat qilib ularga turli unvonlar berib, mansablarga tayinlashgan. Biy unvoni avloddan avlodga meros bo'lib o'tgan; 2) yuqori mansabli kishilarni ulug'lash maqsadida ishlatilgan so'z yoki ularga berilgan unvon; 3) Xiva xonligida otaliqdan keyin keladigan mansab; 4) Buxoro xonligida xizmat pog'onasining 9-mansabi; amorat panoh unvon bo'lgan. Bu unvonni olgan shaxs uni keyingi mansablarni egallaganda ham o'zida saqlab qolgan.

BITIKCHI – o'rta asrlarda xon va mahalliy hokimlarning barcha yozuv ishlarini olib boruvchi mansabdor. Bitikchi so'zi X-XI asrlardan buyon ma'lum. Chingizxon zamonida yorg'uchi huzuridagi kotib bo'lib, xonlarning nasabnomasi va muhim kundalik axborot yoziladigan "Oltin daftar"i uning qo'lida saqlangan. Qadimgi so'g'd, o'rta asrlardagi saljuqiylar, g'aznaviylar va xorazmshohlar davrida bu lavozim dabir, keyinchalik munshiy, XIX asrda O'rta Osiyo xonliklarida esa mirzo, mirzoboshi deb yuritilgan.

BUXORO XALQ SOVET RESPUBLIKASI (BXSR) – Buxoro Amirligida amir hokimiyati ag'darilgach, 1920 yil 2 sentyabrda Bolsheviklar andozasida tashkil etilgan Respublika. 1921 yil sentyabr oyida BXSR Konstitutsiyasi qabul qilindi. BXSRda keng ijtimoiy-iqtisodiy va siyosiy islohotlar amalga oshirila boshlandi. Lekin bu islohotlar mavjud ijtimoiy-siyosiy vaziyatdan kelib chiqib emas, balki Moskva bolsheviklari andozasi va ko'rsatmasi asosida ko'r-ko'rona amalga oshirilgani bois, aksariyat hollarda teskari natijalarni berdi. BXSR 1924-25 yillarda

Turkistonda o'tkazilgan ma'muriy-hududiy davlat chegaralanishi munosabati bilan tugatilib, yangi tashkil etilgan O'zbekiston Sovet sotsialistik Respublikasi tarkibiga kiritildi.

BURJUAZIYA (fr. bourgeoisie – shaharlik) – o'rta asrlarda shahar aholisi dastlab shunday atalgan. Odatda, o'rta asrlarda Yevropa shaharlari ilm-fan va madaniyat, savdo-sotiq va ishlab chiqarish markazi sifatida jamiyatning ziyoli, tadbirkor, savdogar va boy-badavlat qatlamlarining shakllanishi uchun markaz vazifasini bajargan. Shu ma'noda shahar boy-badavlat, ishbilarmon korchalonlar makoniga aylanib, ilgari barcha shahar aholisiga ishlatiladigan bu so'z vaqt o'tishi bilan faqat aholining boy-badavlat qismiga nisbatan ishlatiladigan bo'lgan.

Burjuaziya atamasi asosan sho'ro davri adabiyotlarida ko'proq ishlatilib, ular ta'riflagan kapitalistik jamiyatda hukmron sinf - yirik savdo-sanoat, moliya va bank egalari, hamda mehnatkash xalq mehnati samaralaridan foydalanuvchi hukmron tabaqa sifatida ta'riflangan.

Sho'rolar davrida qatag'on qilingan vatandoshlarimiz (ziyolilar, yozuvchi-shoirlar, davlat va hukumat rahbarlari)ning aksariyati o'sha paytda dushman sinf-burjua vakillari deb ayblanib, jismonan yo'q qilinganlar.

BOTMON – SHarq mamlakatlarida,

jumladan, O'rta Osiyoda qadimgi davrda va o'rta asrlarda mavjud bo'lgan og'irlik o'lchov birligi. Turli davrlarda turli joylarda botmonning miqdori o'zgarib turgan. Masalan: XIV-XV asrlarda u taxminan 20 kg ga teng bo'lgan. XIX asrda botmon Xivada 20,16 kg dan 40,95 kg , Farg'onada 131,44 kg dan 163,800 kg gacha, Toshkentda 171,99 kg ga teng bo'lgan.

O'rta Osiyoda botmon, shuningdek yer o'lchovi sifatida ham qo'llanilgan, ya'ni bir botmon og'irlikdagi bug'doy sepilishi mumkin bo'lgan yer bir botmon hisoblangan. Bu taxminan bir gektarga teng o'lchov birligi bo'lgan.

BIRJA (nem. bo'rse – hamyon) – bozorni uyushtirishning tashkiliy shakli. Tovarlar birjasi, qimmatbaho qog'ozlar (fond) birjasi, valyuta birjasi, tovar bo'lgan "ish kuchi" oldi-sotdisi (mehnat birjasi) kabi turlari mavjud. Birjada brokerlar (dallollar), dilerlar (olib-sotuvchi savdogar), treyderlar (brokerning vakili) faoliyat ko'rsatadi.

BIRINCHI JAHON URUSHI – dunyoning rivojlangan kapitalistik mamlakatlari o'rtasida mustamlaka yerlarini qayta taqsimlash va yangi yerlarni bosib olish masalasida kelib chiqqan insoniyat tarixidagi birinchi qirg'inbarot urush. Bu urush to'rt yildan ortiq davom etib (1914 yil avgustdan 1918 yil noyabrgacha), unda o'zaro dushman ikkita ittifoqchi kuchlar – Antanta va Uchlar Ittifoqiga kiruvchi davlatlar ishtirok etdi.

CHor Rossiyasi ham Antanta ittifoqining a'zosi sifatida SHarqiy Yevropa va Bolqon yarim orolida o'z pozitsiyalarini mustahkamlab olish maqsadida urushga kirgan edi. Lekin urushning dastlabki kunlaridanoq Rossiyaning urushga tayyor emasligi ayon bo'lib qoldi va rus qo'shinlari sharqiy frontda nemis qo'shinlari tomonidan qator mag'lubiyatlarga uchratildi. Turkiston o'lkasining moddiy va odam resurslari ham Rossiya imperiyasining tarkibiy qismi sifatida jahon urushiga faol tortildilar.

DUKCHI ESHON QO'ZG'OLONI – Muhammad Ali (1846-1898) boshchiligida Farg'ona vodiysida chor mustamlakachilariga qarshi ko'tarilgan xalq ozodlik harakati. Muhammad Ali yoshligida Buxoro va Samarqandda yirik eshonlar xizmatida bo'lib, diniy bilimlarni o'zlashtirdi. 1882 yilda Sultonxon To'ra eshon o'limidan so'ng, marhumning vasiyati bilan uning o'rniga Muhammad Ali eshon etib tayinlanadi. 1887-1893 yillarda Makkai madinaga borib haj qiladi. Qaytishida Eron, Hindiston, Afg'oniston va Rossiyaning qator shaharlarida bo'lib, zamonaviy bilimlar va Yevropa fan-texnikasi yutuqlaridan xabardor bo'ladi.

Muhammad Ali ota kasbi yikchilik, ya'ni dukchilik bilan mashg'ul bo'lgan, shuning uchun ham uni Dukchi eshon deb atashgan. Eshonning yaxshi fe'l-atvori, kamtarona turmush tarzi, boy hayotiy tajribasi va keng dunyoqarashi uning muhlislari sonini tobora oshirib boradi. U yashab turgan Mingtepa qishlog'i tezda ko'plarning qutlug' ziyoratgohiga aylandi.

CHor mustamlakachilarining zulmi ortib borar ekan Dukchi Eshon uyida Farg'ona vodiysining turli burchaklaridan kelgan vakillar ishtirokida maxsus kengash o'tkazilib, unda qo'zg'olon masalasi muhokama qilanadi va Muhammad Alining unga rahbar bo'lishi kelishiladi. U qo'zg'olonga hali fursat yetmaganligini tushuntirsa-da, chorizm zulmidan norozi xalq g'azab-ehtirosga berilib, betartib tarzda 1898 yil 17 mayda ochiq kurashni boshlaydi. Qo'zg'olonchilar Andijondagi rus gornizoniga hujum qilib, 22 nafar soldatni o'ldiradilar, ko'plarini yarador qiladilar. Lekin kuch mustamlakachilar tomonidan bo'lganligi uchun qo'zg'olonchilar hal qiluvchi janglarda mag'lubiyatga uchraydilar. 546 kishi qamoqqa olinadi. SHulardan 18 kishi, shu jumladan Dukchi Eshon osib o'ldiriladi, 15 kishi surgunga, 147 kishi 20 yil, qolganlari 4 yildan 15 yilgacha qamoq jazosiga hukm qilinadilar.

ELLIKBOSHI – harbiy va ma'muriy unvon. Xonliklar davrida 40-50 nafar askardan iborat harbiy qism boshlig'i hamda 50 nafar askar ajrata oluvchi mahalla, qishloq, ovul rahbari. U mingboshi tomonidan lavozimiga tayinlangan. Bu mansab Turkistonni chor Rossiyasi bosib olganidan keyin tugatilgan.

Turkistonda Sovet rejimiga qarshi qurolli harakat davrida SHermuhammadbek tomonidan Farg'ona vodiysida ellikboshi, mingboshi lavozimlari qayta tiklangan. XX asrning birinchi choragida sovet hokimiyatining dastlabki yillarida O'zbekiston SSRda shaharda mahalla qo'mitasining raisi, qishloqda esa qishloq oqsoqoli ellikboshi deb atalgan. Keyinchalik bu so'z istemoldan chiqib ketgan.**ELLINLASHTIRISH** – qadimgi yunonlar o'zlarini ellinlar, yurtini esa ellada deb atashgan. Ellinlashtirish deganda yunon-makedon istilosidan so'ng SHarqqa yunon madaniyatining yoyilishi va aralash yunon va mahalliy sharq madaniyatining tashkil topish jarayoni tushuniladi.

ELOQXONLAR – Movarounnahr va Yettisuvda 999-1212 yillarda hukmronlik qilgan Qoraxoniy hukmdorlarining unvoni. Eloqxonlar, aslida, Yettisuv va Qoshg'arda yashagan yag'mo turk qabilasiga mansub bo'lgan. Qoraxoniylardan Nasr ibn Ali 999 yilda Buxoroni egallaydi va Eloqxonlar hukmronligiga asos soladi.

ETIMOLOGIYA (yun. etymon – haqiqat, chin logos – fan) – biron bir so'z yoki atamaning kelib chiqishi, uning boshqa so'zlar bilan o'zaro yaqinlik aloqalarini o'rganuvchi fan sohasi.

ETNIK JARAYON – kelib chiqishi bir-biriga yaqin bo'lgan turli qabila va elatlarning asrlar davomida qo'shilib, aralashib borish jarayoni.

ETNOGENEZ (yun. etnos – xalq, genesis – tug'ilish) – biron bir xalqning kelib chiqish jarayoni. Tarix fanidagi mavjud ilmiy metodologik ishlanmaga ko'ra, etnogenez deb ilgaridan mavjud bo'lgan bir necha etnik komponentlar asosida yangi etnos (elat)ning vujudga kelishiga aytiladi. Ushbu tushuncha ilk bor fanga XX asrning 20-yillarida N.Ya.Marr tomonidan kiritilgan.

Har bir xalqning tarixi uning etnogenezi va etnik tarixi bilan uzviy bog'liq. Etnogenez bir etnosning elat, xalq bo'lib shakllanishiga qadar bo'lgan davrda davom etadigan tarixiy etnomadaniy jarayondir. Xalq shakllangani(etnogenez)dan keyin esa xalqning etnik tarixi boshlanadi. Masalan, o'zbek xalqining etnik shakllanishi – etnogenezi XI-XII asrlarga kelib, o'z nihoyasiga yetgan. SHundan keyin esa o'zbek xalqining etnik tarixi boshlangan.

ETNOGEOGRAFIYA (yun. etnos – xalq, geo – yer, grapho – yozaman) –

ENEOLIT (lot. aeneus – mis, yun. litos – tosh) – mis davri. Mehnat qurollari ishlab chiqarishda birinchi marta mis ma'dani qo'llanila boshlangani uchun shunday nom berilgan. Eneolit davri 4-3 ming yilliklarni o'z ichiga oladi.

Eneolit davridan ibtidoiy jamoa tuzumining inqirozi, sinfiy jamiyatning shakllanish jarayoni boshlangan. SHarqda (Old Osiyo va Mesopotamiyada) dastlabki davlat birlashmalari vujudga kela boshladi, O'rta Osiyoning janubiy hududlari (Turkmaniston) da esa sun'iy sug'orishga asoslangan dehqonchilik madaniyati va paxsa, xom g'ishtdan ko'p xonala uylar qurish boshlandi.

Eneolit davrining ko'plab yodgorliklari Turkmaniston hududlaridan topib o'rganilgan (Anov, Nomozgoh va Oltintepa).

EPIGRAFIKA (yun. epi – ustida, tepasida grapho – yozaman) – qattiq jismlar – tosh, metall, sopol va boshqalardagi, asosan, qadimgi va o'rta asrlarga oid yozuvlar (bitiklar)ni to'plash, nashr etish va sharhlash bilan shug'ullanuvchi yordamchi tarix fani.

ETNOLOGIYA (yun. etnos – xalq, logos – fan) – XIX asrning birinchi yarmida fanga kiritilgan atama bo'lib, yer yuzidagi xalqlar va madaniyatlar taraqqiyotining umumiy qonuniyatlarini o'rganadi.

ESHIK OG'ABOSHI – O'rta Osiyo xonliklari davrida dorgohidagi xavfsizlik, tartib-intizom, keldi-ketdi nazorati mutasaddisi. CHap eshikog'asi, o'ng eshikog'asi kabi ichki taqsimoti ham bo'lgan. Xiva xonligida eshik oqosi deb yuritilgan. Uning asosiy vazifasi saroy darvozalarini qo'riqlab turish hisoblangan. Eshik og'aboshida, albatta, bitta oybolta bo'lishi shart edi, chunki oybolta uning mansab alomati bo'lgan. Eshik og'aboshi arzgo'ylardan nima xususida kelganliklarini surishtirib, ularni saroydagi tegishli amaldorlar tomoniga yo'llar edi. Eshik og'aboshilarning ixtiyorida 46 tadan navkar bo'lgan. Bu lavozim vakillari urush paytlarida hukmdorning eng muhim topshiriqlarini ham bajarib borganlar.

"DASHNAQTSUTYUN" (arman. – ittifoq) – 1890 yil Tbilisida tuzilgan arman millatchilari partiyasi. Dastlab "Dashnaqtsutyun" dasturida terror va qurolli harakat yo'li bilan Buyuk Armaniston davlatini barpo etish ko'zda tutilgan. 1917 yildagi keskin siyosiy o'zgarishlardan so'ng "Dashnaqtsutyun" Armanistonda hokimiyatni egalladi (1918 yil may – 1920 yil noyabr).

Bolsheviklar Turkistonda sovet rejimini o'rnatgach, "Dashnaqtsutyun" partiyasining qurolli drujinalaridan o'lkadagi milliy kuchlarga qarshi kurashda foydalandi. Dashnoqlar 1918 yil fevralda qizil askarlar bilan birgalikda Qo'qonda Turkiston muxtoriyati hukumatini tugatish maqsadida ommaviy qirg'inlar o'tkazdi. Umuman dashnoqlar armiyasi 1918-1919 yillar davomida Farg'ona vodiysida istiqlolchilarga qarshi kurash niqobi ostida tinch aholidan 35 ming kishini qirib tashlab, mol-mulkini talon-taroj etdi. 1919 yil 16 iyulda Turkistonlik bir guruh mahalliy rahbar xodimlarning qat'iy talabi bilan "Dashnaqtsutyun" partiyasi Turkiston MIK tomonidan tarqatib yuborildi. 1921 yilda

Armanistonning o'zida ham bu partiya faoliyati ta'qiqlandi. Ammo u xorijda o'z faoliyatini davom ettirdi. 1990 yillardan "Dashnaqtsutyun" Armanistonda oshkora faoliyat ko'rsata boshladi.

FASHIZM (it. fascio – birlashma, bog'lam) – burjuaziyaning eng reaktsion va agressiv kuchlari manfaatlarini ifodalovchi g'oya. O'tgan asrning 20-30-yillarida Italiya va Germaniyada xalqqa yolg'on va'dalar berib, hokimiyat tepasiga kelgach, fashistlar zo'ravonlikning ashaddiy shakllarini qo'llovchi va jamiyat ustidan yalpi nazorat o'rnatuvchi terroristik diktatura barpo etdilar. Tashqi siyosatda hujumkor, agressiv-bosqinchilik siyosatini yurgizdilar. Xususan, fashistlar Germaniyasi ikkinchi jahon urushining boshlanishiga sababchi bo'lganlar.

FEVRAL INQILOBI – Rossiyada podsho hokimiyati (samoderjavie)ga barham bergan inqilob. Fevral inqilobi birinchi jahon urushi (1914-1918)dagi harbiy mag'lubiyatlar va xo'jalikdagi vayronagarchilik bilan bog'liq ravishda mamlakatda iqtisodiy va siyosiy tanazzulning keskin kuchayishi oqibatida 1917 yilning 23-27 fevralida ro'y bergan edi. 23 fevralda Petrogradda stixiyali tarzda namoyishlar boshlanib, ularni tarqatish uchun yuborilgan askarlar ham qo'zg'olonchilar tomoniga o'tib keta boshladilar. 27 fevralda qo'zg'olonchilar shaharning muhim joylarini, hukumat idoralarini egallaydilar. Nikolay II taxtdan voz kechdi.

Davlat Dumasining Muvaqqat komiteti hukumat tuzdi. Rossiyada monarxiya tuzumiga barham berildi. 1 mart kuni Moskvada, mart oyi davomida butun Rossiyada yangi hokimiyat o'rnatildi. Fevral inqilobi Turkiston o'lkasi musulmon aholisini siyosiy jihatdan uyg'otishda, demokratik o'zgarishlarga boshchilik qilmoqchi bo'lgan yangi kuchlarning siyosat maydoniga chiqishida muhim ahamiyat kasb etdi.

GANDIMIYON SHARTNOMASI – Xiva xonligi bilan chor Rossiyasi o'rtasida 1873 yil 23 avgustda imzolangan shartnoma. Ushbu shartnomada "Onhazrat Xiva xoni Rossiya bilan sulh va do'stlik shartnomasini imzolaydi hamda imperator oliy hazratlarining oliy homiyligida bo'ladi", - deb ta'kidlangan edi.

Sulh bo'yicha Xiva xonligiga 2,2 mln. rubl miqdorda tavon solinadi. Bu paytda xonning xazinasi deyarli bo'shab qolgan bo'lib, bu pul Xiva xalqidan yig'ib olinadigan bo'ldi.

Gandimiyon shartnomasiga ko'ra xonlikka qarashli Turkmaniston yerlari, CHorjuy, Amudaryoning o'ng sohilidagi yerlar Turkiston-general gubernatorligi tarkibiga kiritilib, bu yerda Kaspiyorti viloyati tashkil etiladi.

GENERAL-GUBERNATOR – Rossiya Imperiyasi (1721-1917 y.y.)da mahalliy ma'muriyatning 1703-1917 yillardagi oliy mansabi; fuqarolik va harbiy hokimiyatga ega bo'lgan. Rossiyada 1775 yilda o'tkazilgan guberniya islohotiga ko'ra Rossiya guberniya (o'lka va viloyat)lariga rahbarlik qilgan mansabdor shaxs. CHor Rossiyasi tomonidan Turkiston xonliklaridan bosib olingan hududlarda 1867 yil Turkiston General gubernatorligi tashkil etiladi. K.P.Kaufman (1867-1881) uning birinchi general-gubernatori etib tayinlanadi.

GOMINIDLAR (lot. homo – odam) – primatlar turkumiga mansub oila. Zamonaviy qiyofadagi odamlar (neoantrop) va ulardan oldin o'tgan ibtidoiy odam vakillari (arxantrop, paleoantroplar) ning fandagi umumiy nomi.

GRANT (ing. grant – hadya; ko'mak, yordam; stipendiya) – Davlat tomonidan biror ilmiy tadqiqot, tajriba-konstruktorlik ishlarini bajarish uchun yoki boshqa maqsadlarda ayrim shaxslar, jamoalar, tashkilotlarga beriladigan maqsadli o'rin yoki pul mablag'i.

GUBERNATOR (lot. gubernator – boshqaruvchi, rulni boshqaruvchi, darg'a) – 1) CHor Rossiyasi davrida guberniyalar va bosib olingan hududlarda tashkil etilgan o'lkalarni boshqaruvchi mansabdor shaxs; 2) Buyuk Britaniya va Frantsiya mustamlakalari va qaram o'lkalarini boshqaruvchi mansabdor shaxs.

GUVAKOR, huvakor (sug'd. "xuva" – savdo, "kar" – soha vakili) ilk o'rta asrlarda sug'dda savdogarlar tabaqasi.

GUZAR (f. – o'tish joyi; ko'cha, mahalla) – shahar yoki qishloqning uch-to'rt ko'chasini o'z ichiga olgan, choyxona, baqqollik, qassoblik do'konlari bo'lgan gavjum va serqatnov obod joyi. Odatda, mahalla odamlari guzarga chiqib, choyxo'rlik qiladilar, suhbatlashadilar va hordiq chiqaradilar.

GULAG (rus. Glavnoe upravlenie lagerey – axloq tuzatish-mehnat lagerlari, surgun va qamoq joylari bosh boshqarmasi) – sobiq sho'rolar davlatida 1934-1956 yillarda axloq tuzatish-mehnat lagerlari tizimiga rahbarlik qilgan NKVD (MVD) bo'linmasi. O'zbekistondan nohaq jazoga mahkum etilgan millionlab mahbuslar chekka SHimolda va Uzoq sharqdagi kurilishlarda haq to'lanmay, eng oddiy insoniy huquqlarga ham rioya etilmagan holda majburiy mehnatga tortilganlar.

GUMANIZM (lot. humanus – insoniy, odamiy) – insonni birinchi o'ringa qo'yuvchi, uning qadr-qimmatini hurmat qilishni, inson kamoloti uchun zarur sharoitlar yaratib berishni talab qiluvchi, inson hayotini qadrlovchi dunyoqarashlar tizimi.

HUDAYCHI, udaychi (ar. – boshqarmoq, yo'l ko'rsatmoq) – O'rta Osiyoda amir yoki xon saroyidagi mansab. Hudaychi ikki darajaga bo'lingan: "hudaychiyi dasti rost" (o'ng qo'l hudaychi) va "hudaychiyi dasti chap" (chap qo'l hudaychi). Ular oliy hukmdorning o'ng va chap yonida turib, saroyda o'tkaziladigan turli marosim va tantanalarni boshqarishgan, shuningdek, ularning xizmatiga boshqa davlatlardan kelgan elchilar va davlat vakillarini xon oldiga birga hamrohlik qilib olib kerish yuklatilgan. Birinchisining ikkinchisidan haq-huquqlari bir oz kengroq bo'lgan. Har ikkisi ham boshqa amaldorlardan farq qilish uchun qizil hassa (aso) tutgan.

"HUJUM" HARAKATI – XX asrning 20-yillari oxirida, aniqrog'i 1927 yilning bahoridan boshlangan o'zbek xotin-qizlarini ozodlikka chiqarish (paranji tashlash, erkin kasb tanlash, huquqiy tenglikka erishish) kompaniyasi. "Hujum" harakatini boshlash, eski turmushga hujum qilish, ya'ni o'zbek xotin qizlarini ozodlikka chiqarish uchun zarurat bor edi, biroq bu harakat bolsheviklar tanlagan tezkorlik yo'li bilan emas, asta-sekin, bosqichma-bosqich amalga oshirilishi kerak edi. Bolsheviklar zo'ravonlik, ma'muriy yo'l bilan bir yo'la 100 ming ayolning paranjisini tashlattirdilar. Lekin partiyaning bu siyosati mahalliy xalq o'rtasida (hatto ayollar o'rtasida ham) norozilikni keltirib chiqardi. Endi hujumga qarshi bo'lgan ayollarga nisbatan zulm o'tkazila boshlandi. 1927-28 yillarda bu borada O'zbekistonda 2,5 mingdan ortiq faol xotin-qizlar hayotdan ko'z yumdi.

IMMIGRANTLAR (lot. immigrans – ko'chib keluvchi) – bir davlatdan boshqa bir davlat hududiga doimiy yoki uzoq vaqt istiqomat qilish uchun ko'chib kelgan fuqarolar. Ular iqtisodiy, siyosiy yoki diniy sabablarga ko'ra ko'chib kelishi mumkin.

IMMIGRATSIYA (lot. immigrare – ko'chib kelib joylashaman) – xorijiy fuqarolarning bir mamlakatdan ikkinchi mamlakatga doimiy yashash uchun ko'chib yurishi jarayoni..

IMOM – 1) SHia mazhabidagi musulmonlarning diniy rahbari; 2) masjidlarda namozga rahbarlik qiluvchi ruhoniy.

INVESTITSIYA (nem. investition kiyintirmoq, yasantirmoq) – mablag'ni, ma'lum boylikni, qo'shimcha daromad olish maqsadida ishlab chiqarish yoki boshqa sohaga joylashtirish, mablag' sarflash.

Tadbirkorlik va boshqa faoliyat turlariga qo'shiladigan barcha moddiy hamda nomoddiy boyliklar investitsiya hisoblanadi. Bu boyliklar pul vositalari, maqsadli bank omonatlari, aktsiyalar va boshqa qimmatli qog'ozlar; ko'char va ko'chmas mulklar (binolar, inshootlar, uskunalar); mualliflik huquqidan kelib chiqadigan mulkiy va nomulkiy huquqlar va boshqa intellektual huquqlar bo'lishi mumkin.

Tadbirkorlik ishining rivoji investitsiyani talab qiladi. Investitsiya bironta ishga mablag' qo'yishni, sarflashni bildiradi. Investitsiya qilishdan maqsad foyda ko'rishdir. Investitsiya, keng ma'noda, pul chiqadigan har qanday ishga mablag' qo'yish, tor ma'noda, ishlab chiqarishning moddiy bazasini rivojlantirishdir. Investitsiya, ba'zan kapital mablag'lar yoki kapital sarflar deb ham yuritiladi.

INDUSTRIYA (lot. industria – faoliyat) – sanoat, ishlab chiqarish. Xalq xo'jaligida industriyaning ikki tarmog'i farqlanadi. Og'ir industriya (mashinasozlik, metallurgiya, ximiya sanoati va h.k.) va yengil industriya (keng xalq iste'mol mollari, oziq-ovqat, to'qimachilik va boshqalar).

JADIDCHILIK (ar. "jadid" – yangi) – yangilanish, yangi zamonaviy maktab, matbaa, milliy taraqqiyot usullari, yo'llari tarafdorlarining umumiy nomi. Jadidchilik XIX asr oxiri va XX asrning birinchi choragida turkiy musulmon o'lkalarida (Qrim, Kavkaz, Volgabo'yi-Bulg'or va Janubiy Ural xavzasi, Turkiston) shakllanib kelayotgan milliy burjuaziya muhitida vujudga kelgan. U o'sha davrdan Turkistondagi milliy ozodlik harakatining mafkurasi – Turkiston milliy mustaqillik mafkurasi vazifasini bajardi.

Jadidchilikning asosiy g'oya-maqsadlari: Turkistonni o'rta asrchilik, feodal tarqoqlik, diniy xurofotlardan ozod qilish, "Usuli qadim"ni inkor etgan holda o'lkani, xalqni, millatni zamonaviy taraqqiyot yo'liga olib chiqish, milliy davlat bunyod etish, konstitutsion, parlament va prezident idora usulidagi ozod va farovon jamiyat qurish, turkiy tillarga davlat tili maqomini berish, milliy pul birligi va milliy qo'shin tuzish. Bu g'oya va maqsadlar 1917-1924 yillarda "Turkiston muxtoriyati" (1917 yil noyabr – 1918 yil fevral), Buxoro va Xorazm Xalq Respublikalari davrida (1920-1924 yillar), qisqa muddatda va qisman bo'lsada, amalga oshirilgan edi.

Qrim, Kavkaz, Volgabo'yi-Bulg'or va Janubiy Uraldagi jadidchilikka Ismoilbek Gaspirali, Jovid Xusayinzoda, Muso Jorullox Qozoniy, Rizouddin ibn Fahriddinlar rahnamolik qilishgan. Turkistonda bu harakatga Mahmudxo'ja Behbudiy va Munavvar qori Abdurashidxonovlar, Buxoroda jadidchilik harakatiga Abdurauf Fitrat va Usmonxo'jaevlar, Xiva jadidlariga esa Polvonniyoz xoji Yusupov va Bobooxun Salimovlar yetakchilik qilganlar.

Turkiston jadidchiligidagi asosiy g'oyaviy-nazariy yo'nalish Behbudiy, Munavar Qori, Fitrat, CHo'lponlar tomonidan ilgari so'rilgan bo'lib, sho'rolar tuzumi, kompartiya g'oyasi va mafkurasini to'laligicha inkor etib, yagona va bir butun Turkiston xalqi va davlatini qurish, zamonaviy taraqqiyot yo'lidan borishni taklif etganlar. A.Avloniy, S.Ayniy, Hamza, Botu, Elbek, F.Xo'jaev va boshqa jadidlar milliy va umuminsoniy demokratik qadriyatlarga muqobilan sho'ro (sovet) g'oya va qadriyatlariga urg'u berishgan. Lekin shunday bo'lsada, oxirda nomlari keltirilgan jadidlar ham o'zlari xizmat qilgan sho'ro (sovet) davlati tomonidan qatag'on qilindilar.

Jadidchilikning tor-mor qilinishi turkiy xalqlarning jahon miqyosida tanilishini deyarli bir asrga orqaga surdi, ularni hukmron kommunistik mafkura va sovet tuzumi istibdodiga qaram etilishiga olib keldi. Jadidchilik harakati bir asr davomida, dastlab CHor mustamlakachiligi, keyinchalik kommunistik partiya tazyiqi va iskanjasida bo'lib, to'la ravishda namoyon bo'la olmadi. Ziyolilar tomonidan uning zaminlarini va shakllanish tarzini o'rganish ta'qiq ostida bo'ldi. SHo'rolar davridagi misli ko'rilmagan mafkuraviy, ma'naviy, siyosiy va iqtisodiy tazyiqqa qaramay, o'zbek xalqi milliy o'ziga xosligini saqlab qola bildi. Jadidlar o'rtaga tashlagan g'oyalarni amalga oshirish vaqti-soati kelishini umid bilan kutdi. Bu vaqt mustaqillik bilan barga hayotimizga kirib kela boshlandi. CHunki jadidlarning g'oyalari o'lmas g'oyalar edi.

JADID MAKTABLARI – jadidchilik namoyondalarining xalq maorifi va ma'rifatini yuksaltirishni ko'zlab, eskicha ta'lim uslublaridan voz kechib, zamonaviy andozada tashkil etgan maktablari. Birinchi jadid maktabiga Ismoil Gaspirali (1851-1914) 1884 yil Qrimdagi Bog'chasaroy shahrida asos solgan edi. O'zi dastur tuzib, darslik yozdi. Ana shu darslik yordamida 40 kun ichida 12 o'quvchining savodini chiqardi va bu maktab musulmon o'lkalarida tez shuhrat qozondi.

1893 yilda Ismoil Gaspirali Buxoro amiri huzurida bc'lib, unga ilm-fanning amirlik taraqqiyotida tutadigan ahamiyatini zo'r berib tushuntirdi. Amir zo'rg'a bitta jadid maktabi ochilishiga rozilik berdi. 1898 yilda Qo'qonda Salohiddin domla ikkinchi jadid maktabiga asos soldi. SHu yili To'qmoqda ham shu tipdagi maktab ochildi. 1899 yili Andijonda SHamsiddin domla va Toshkentda Mannon qori jadid maktabiga asos soldilar. 1903 yilda Turkiston o'lkasida 102 ta boshlang'ich va 2 ta o'rta jadid maktablari bor edi.

JAMIYAT – odamlarning uyushgan ehtiyojlari qondirilishini ta'minlovchi, ixtiloflarni bartaraf qiluvchi, madaniyatni saqlab rivojlantiruvchi, madaniyat majmuasi va uning qismlari asosida tashkil topgan ijtimoiy hayot shakllarining sintezi, turli ijtimoiy guruhlarni, tabaqalarni, shaxslarni, oilalarning bir-biriga zid manfaatlarini birlashtiruvchi, ularning munosabatlarini belgilovchi, ijtimoiy munosabatlarning umumiy shaklini yaratuvchi, turli tashkilot va muassalalarning yig'indisi.

MING, minglar – o'zbek xalqi tarkibiga kirgan qabilalardan biri. Hozirgi O'zbekiston va Tojikistonda keng tarqalganlar. Zarafshon vodiysida yashovchi minglar 3 yirik uruqqa, bu urug'lar o'z navbatida bir qancha kichik urug'larga bo'lingan: 1) tug'ali (axmat, chag'ir, to'yi namoz, oqshiq va b.); 2) bog'lon (chibli, qora, mirza va b.); 3) uvoq tamg'ali (alg'ol, chaut, jayli, o'ramas, to'qnamoz, kiyuxo'ja, yarat) urug'lari. Qo'qon xonlari minglardan bo'lgan.

MINGBOSHI – harbiy va ma'muriy unvon. 1) ming kishidan iborat harbiy qism qo'mondoni. Turk hoqonligi, qoraxoniylar, temuriylar armiyasida mingbegi. O'nboshilar, yuzboshilar mingboshiga bo'ysungan; 2) O'rta Osiyo xonliklarida harbiy-ma'muriy mansab. Qo'qon xonligida xondan keyingi o'rinda turuvchi mansab. Asosan, harbiy ishlar bilan shug'ullangan va u Qo'qon armiyasiga qo'mondonlik qilgan. Xiva xonligida mingboshilik eng kichik amal hisoblangan; 4) O'rta Osiyo CHor Rossiyasi tomonidan bosib olinguniga qadar Toshkent, Oqmasjid kabi shaharlarning hokimlari ham mingboshi deb atalgan. CHor Rossiyasi hukmronligi yillarida Toshkent dahalarining boshliqlari ham mingboshi deb yuritilgan. XIX asr oxiriga kelib, mingboshi shaharlarda tijorat ishlarini nazorat qiluvchi kichik mansab egasiga aylangan; 5) XX asrning 20-yillarida mingboshilar O'zbekistonda bir yoki bir necha qishloq birlashuvidan tashkil topgan ma'muriy idora boshlig'i sifatida faoliyat ko'rsatgan.

MINORA (ar. – mayoq) – gorizontal o'lchamiga nisbatan vertikal o'lchami ortiq bo'lgan baland inshoot. Minoralar aylana, ko'p qirrali yoki to'rtburchak shaklida bunyod etilib, yuqoriga tomon ingichkalashib boradi. Dengiz sohillarida kemalarning adashmay portga kelishiga xizmat qiladigan (mayoq), televidenie va boshqa maqsadlarga xizmat qiladigan minoralar ham bor. Inshootning yuqori qismiga chiqish uchun uning ichida aylana zina bo'ladi.

Qadimdan minoralar masjid va madrasa yonida qurilgan. Muazzin minoraga chiqib ozon aytib, nomozxonlarni namozga chaqirgan. Minoralar harbiy maqsadlarda (burj, ding) ham qurilgan.

MIRZABOSHI – saroyning yirik mansabdorlaridan biri. Buxoro amirligi va Qo'qon xonligida amir saroyida devonxona hokimi bo'lib, mirzalar boshlig'i hisoblangan.

MIRZO (ar. – fors. – amirzoda, amir avlodi) – Movarounnahrda XIV asrning so'nggi choragi – XV asrlarda Amir Temur avlodlari – temuriy shahzodalar ismiga qo'shib aytilgan unvon, amirzodaning qisqartirilgan shakli. (Jahongir Mirzo, Bobur Mirzo va b.). Keyinchalik XVI-XIX asrlarda kotiblar unvoni mirza o'rnida ham qo'llanilgan.

MIROB – O'rta Osiyo hududidagi davlatlarda, xususan xonliklarda suv taqsimoti va sug'orish tizimi ustidan nazorat qiluvchi shaxs. Buxoro va Xiva xonliklarida bosh vazir (otaliq), davlat nazoratchisi (miroxur) kabi oliy mansabdor shaxslar xonlikning bosh mirobi unvoniga ega bo'lishgan. Bosh sug'orish tarmog'i – kanaldan asosiy sug'orish tarmoqlari (katta ariqlar)ga mirobboshi, katta ariqlardan qishloq ariqlariga ariq oqsoqoli ("arbob"), qishloq ariqlaridan shoh ariq va dahanalarga qishloq mirobi ("jo'ybonlar") suv taqsimotiga mas'ul bo'lganlar. Miroblik mansabi avloddan avlodga o'tgan. Kuzda miroblar uchun dehqonlardan mirobona (1-2 g'alvir g'alla) solig'i undirilgan.

MIROXUR – O'rta Osiyo xonliklarida mansabdor shaxs; saroy otxonalari boshlig'i. Buxoro amirligida yuqori bosqichdagi 4-darajali mansab bo'lib, oliy hukmdorga tegishli yilqi, ot-ulov va ularning ta'minoti bilan shug'ullangan. Miroxur dasturxonchi va parvonachidan keyingi mansabdor shaxs hisoblangan.

MIRSHAB – (ar. mir – hukmdor va shab – tun) – O'rta Osiyo xonliklari shaharlarida jamoat tartibini saqlovchi ma'muriy lavozim bo'lib, odatda shaharning kechki xo'jayini miri-shab deb yuritilgan. Mirshab o'z ishiga asosan kechqurun soat 6 dan keyin kirishgan, chunki bu davrda barcha shahar bozorlari yopilib, bir soatdan so'ng shahar darvozalari berkitilib, shahar suv quygandek jim-jit bo'lgan. Tungi tartib-qoidani buzgan fuqarolar mirshabxonaga keltirilib jazolanganlar. Mirshabxona boshlig'i 1917 yil oktyabr to'ntarishiga qadar qo'rboshi deyilgan. Mirshablar, odatda, shaharlardagi katta oqsoqolga, Rossiya istilosidan keyin shahar politsmeysteriga bo'ysunganlar.

MULKI HURRI HOLIS – Buxoro xonligida mavjud bo'lgan mulk yer egaligining ikkinchi bir turi. U davlat xizmati bilan bog'liq bo'lib, bunday yerlar urushlarda jasorat ko'rsatgan yoki hukmdorning alohida topshiriqlarini bajarishda namuna ko'rsatgan shaxslarga berish natijasida vujudga kelgan. Yerlarga ega bo'lgan kishilarga maxsus yorliqlar berilgan hamda ular barcha soliqlardan ozod etilganlar.

OYAT (ar. – ilohiy belgi, mo''jiza) – Qur'on suralarining bandlari. Oyatlar Ollohning o'z elchisi Muhammad (sav)ga vahiy qilib, bandalariga qo'llanma sifatida yuborgan farmoyishi, mo'jizasi. Qur'onning VII asrga oid ilk nusxalaridayoq suralar oyatlarga bo'lingan va har sura doirasida tartib bilan raqamlangan. Oyatlar qadimgi arab tilida, bir qismi saj' bilan yozilgan. Ayrimlari qisqa iboralardan, ba'zilari bir necha jumlalardan tashkil topgan. Oyatlar ba'zida mazmunan bir-birini takrorlaydi. Suralarda oyatlarning soni turlicha (mas., eng qisqa suralar bo'lmish 103, 108, 110-suralar faqat 3 oyatdan, eng uzun sura 286 oyatdan iborat). Suralarni matnga hech qanday o'zgartirish kiritmagan holda oyatlarga taqsimlash va raqamlash XX asr boshlarigacha davom etgan. SHuning uchun Qur'onning har bir davr va muhitdagi nashrlarida 6204 dan 6232 tagacha oyat bor deb ko'rsatilgan.

OQMACHIT – Qo'qon xonligining eng shimolidagi chegara qal'asi. Hozirgi Qozog'istonning Qizil-O'rda shahriga to'g'ri keladi. CHor qo'shinlari 1853 yilda Oqmachitni egallashlaridan O'rta Osiyo xonliklarini istilo qilish jarayoni boshlangan.

OG'ALIQ – Buxoro xonligidagi mansabdor shaxs; xon, amir maslahatchisi. SHayboniylar davrida joriy etilgan. Xonlikdagi 4 ta beklik (CHorjuy, Qarshi, Kitob, SHahrisabz) uzoq vaqt markaziy hokimiyatga bo'ysunmay kelganlari tufayli xonlik bilan bekliklar aholisi o'rtasida vositachilik rolini o'ynovchi otaliq mansabi ta'sis etilgan. Yurtning eng hurmatli, nufuzli oqsoqollaridan xalq yig'inlarida otaliq mansabiga amirlik tomonidan maxsus yorliq berilgan. Og'aliq xonlik va xalq o'rtasidagi vakil hisoblanib, aholi turmushining barcha dolzarb masalalarini yechish huquqiga ega bo'lgan. U xalq ommasini amaldorlarning turli tazyiqlardan himoya qilgan. Og'aliqning eng asosiy vazifasi – xalq bilan bek va amir o'rtasida murosachilik yuritish, fuqarolar kayfiyatidan xabardor bo'lish hamda sodir bo'lishi mumkin bo'lgan turli qo'ngilsiz tasodiflarni bartaraf etishdan iborat bo'lgan.

QADOQ – qadimgi og'irlik o'lchov birligi. Qiymat jihatidan 1 funtga teng bo'lgan: 1 qadoq = 1 funt = 409,512 g.

QADRIYAT (ar – qiymat, ahamiyat; qimmatbaho buyumlar, xalq boyligi) – 1) borliqdagi muayyan hodisalarning ijtimoiy, madaniy va insoniy mazmunini ko'rsatish uchun ilmiy adabiyotlarda keng foydalaniladigan ibora. Odatda, guruhga oid (ijtimoiy) va shaxsga oid qadriyatlar, shuningdek moddiy, ijtimoiy-siyosiy va ma'naviy qadriyatlar bir-biridan farqlanadi; 2) inson uchun ahamiyatli, uning uchun qimmatli va muhim bo'lgan, uning faoliyatida mo'ljal hisoblanuvchi narsa-hodisa.

FEODALIZM (qad. nem. fuhu, fehu – yer-mulk, chorva, mol-mulk, + od egalik qilmoq) yer egasi – feodal va qaram dehqonlar o'rtasidagi ijtimoiy-iqtisodiy munosabatlarga asoslangan tuzum. Feod – merosiy yer-mulk bo'lib, uning evaziga yer egasi feodal hukmdor (qirol, shoh, sulton, imperator)ga harbiy xizmat o'tashi lozim bo'lgan. Feodalizm davri "o'rta asrlar" atamasi bilan bir ma'noda ishlatiladi. G'arb (Yevropa) mamlakatlarida o'rta asrlar V asrdan XVII asrgacha, SHarq (Osiyo) mamlakatlarida esa XIX asr oxirigacha davom etgan.

FETISHIZM (fr. "fetiche" but, sanam; tumor) – tabiatdagi jonsiz predmetlarga sig'inish. Unga ko'ra, alohida buyumlar kishilarning o'z maqsadiga erishtirish, ma'lum voqea-hodisalarni o'zgartirish kuchiga ega deb hisoblangan. Fetish ham ijobiy ham salbiy ta'sir kuchiga ega.

Fetishizm yog'och, loy va boshqa

materiallardan yasalgan buyumlar paydo bo'lishi bilan bir paytda ibtidoiy jamoa tuzumining urug'chilik bosqichida paydo bo'lgan. Ibtidoiy odamlar bu butlar va tumorlarda urug' jamoalar g'ayritabiiy dunyodan keladigan ilohiy qudratining timsolini ko'rganlar.

Fetishizm belgilari ba'zi bir hozirgi zamonaviy xalqlarning diniy rasm-rusumlari va e'tiqod-an'analarida ham saqlanib qolgan.

FIRQA (ar. – guruh, to'da) – islomiy e'tiqodga doir bir yoki bir necha masala yuzasidan maxsus fikrga ega bo'lgan kishilar guruhi; maktab, jamoa. Musulmon tarixchilari diniy-siyosiy guruhlar, ilohiyot maktablari, jamoa va b. o'rtasida qat'iy chegara qo'ymay, firqani musulmonlar jamoasi bo'linadigan birliklardan birini anglatuvchi tushuncha ma'nosida qo'llaganlar. Firqa atamasi eski o'zbek tilida "partiya" so'zi o'rnida ham ishlatilgan.

FIQH – islom huquqshunosligi, shariat qonun-qoidalarini ishlab chiqish bilan shug'ullanuvchi islom ilohiyotining bir sohasi.

FORUM (lot.) – 1) qadimgi Rimda siyosiy hayotning markazi – jamoat maydoni. Forumda bozor, ibodatxonalar, sud, xalq yig'inlari va boshqa maqsadlar uchun qurilgan jamoat (senat, shahar boshqarmasi) binolari joylashgan; 2) ommaviy yig'in, majlis, kengash, yirik anjuman (mas., jurnalistlar forumi, Jahon yoshlari forumi).

FRIZ (fr. frise – bezak) – me'morchilikda

bino devorining tepa qismiga haykaltaroshlik, rangtasvir, ko'pincha naqqoshlik usulida ishlangan gorizontal bezak hoshiya.

FULUS – mayda mis chaqa.

FUT (ing. fut-qadam, yurish) – ingliz uzunlik o'lchov birligi. Bir qadam taxminan 30.479 santimetrga teng.

FUQAROLAR URUSHI – siyosiy hokimiyat uchun kurash jarayonida mamlakat fuqarolarining ikki qarama-qarshi muxolif tomonga bo'linib ketishi natijasida kelib chiqadigan urush. Qadimgi Rimda respublika tarafdorlari bilan imperiya tarafdorlari o'rtasidagi o'zaro urushlar (mil. avv. 44-30 y.y.), Angliyada parlament tarafdorlari bilan Qirol tarafdorlari o'rtasidagi urush (1640-1645 y.y.), Frantsiyadagi respublika va Monarxiya tarafdorlari o'rtasidagi urush (1789-1795), AQSHda qulchilikni bekor qilish va uni saqlab qolish tarafdorlari o'rtasidagi SHimoliy shtatlar bilan Janubiy shtatlar o'rtasidagi urush (1861-1865)larni bunga misol qilib keltirishimiz mumkin. 1918-1920 yillarda Rossiyada bolsheviklar hokimiyatiga qarshi bo'lib o'tgan urush ham fuqarolar urushi nomini olgan.

GAZ – SHarq mamlakatlarida barmoq uchidan yelkagacha (taxminan 62 sm dan – 91 sm ga teng) bo'lgan uzunlik o'lchov birligi.

GANCHKOR – ganch (alebastr) bilan bino yoki narsa buyumlarga bezak beruvchi hunarmand usta.

GEGEMONLIK (yun. hegemonia – hukmronlik, ustunlik) – jamiyat va davlat boshqaruvida, shuningdek, xalqaro munosabatlarda biron bir siyosiy kuch yoki ijtimoiy guruhning ustunligi va rahbarligini anglatuvchi siyosiy tushuncha.

GENEALOGIYA (yun. genealogia – shajara, nasl-nasab) – insonlar shajarasini, ularning o'zaro qarindosh-urug'chilik aloqalarini o'rganuvchi tarixning yordamchi fan sohasi, nasabshunoslik.

GENOTSID (yun. genos – urug', qabila, lot. caedo – o'ldiraman) – milliy, etnik, irqiy yoki diniy guruhlarning a'zolarini o'ldirish, ularning sog'ligiga og'ir ziyon yetkazish, bolalar tug'ilishiga kuch ishlatib to'sqinlik qilish, bolalarni majburan topshirish, kuch ishlatib ko'chirish yoxud ushbu guruh a'zolarini jismonan yo'q qilishga qaratilgan boshqa sharoitlarni yaratish orqali to'la yoki qisman yo'q qilish. Genotsid – tinchlik va insoniyat xavfsizligiga qarshi jinoyatdir. Xalqaro huquqda genotsid, shuningdek, "xalqaro jinoyat" deb e'tirof etilgan. Genotsid jinoyati va uni sodir etganlik uchun jazo to'g'risidagi konventsiyada (1948 y.). Genotsid Xalqaro huquq normalarini buzadigan jinoyat ekanligi belgilab qo'yilgan (1-m.).

GEOPOLITIKA, geosiyosat (yun. geo – yer, politike – davlatni boshqarish san'ati) davlat va jamiyatning ijtimoiy-iqtisodiy munosabatlari va siyosiy taraqqiyot qonuniyatlarini geografik va tabiiy omillar asosida o'rganuvchi ta'limot.

GERALDIKA (lot. heraldus – jarchi) – gerbshunoslik. Tanga va bitiklarda aks etgan qadimiy gerblar, nishonlar, tamg'alar va boshqa belgilarni o'rganuvchi tarix fanining yordamchi sohasi. XIII-XIX asrning birinchi yarmida dvoryan, tsex va yer mulklarning gerblarini tuzish bilan geroldlar shug'ullanishgan. "Geraldika" atamasi ana shu so'zdan kelib chiqqan.

GIMN – (yun. hymnos –xudolar va qahramonlar madhiga bag'ishlangan qo'shiq) – tantanavor qo'shiq, madhiya. Yunonistonda dastlab, afsonaviy xalq qahramonlari, xudolar sha'niga maqtovlar (hamdlar) tarzida vujudga kelgan. Keyinchalik shaxslar, hukmdorlar, davlatlar, voqea va hodisalarga bag'ishlangan gimnlar paydo bo'lgan.

GIMNAZIYA – qadimgi Yunonistonda bolalarga ta'limni jismoniy tarbiya va gimnastika mashqlari bilan birga qo'shib o'rgatiladigan o'quv-tarbiya muassasasi. Keyinchalik faylasuflar va olimlar yig'iladigan joylar ham gimnasiylar deb atala boshlangan. Bugungi kunda ayrim xorijiy mamlakatlarda va mustaqillikdan keyin O'zbekistonda ham umumiy o'rta ta'lim beruvchi o'quv yurtlari. Gimnaziyalar muayyan fan bo'yicha ixtisoslashtirilgan bo'lib, shu fandan chuqurlashtirilgan ta'lim beradi.

Turkistonda gimnaziyalar XIX asrning

oxirida paydo bo'ldi. 1876 yil Toshkentda o'g'il va qiz bolalar uchun birinchi rus progimnaziyalar ochilib, 1881 yilda gimnaziyaga aylantirildi. 1900 yildan keyin Samarqand, Yangi Marg'ilon, CHorjuy va boshqa shaharlarda ham gimnaziyalar ochilgan. 1918 yilda sovet hokimiyati tomonidan gimnaziyalar tugatilgan.

HACHI – Xiva xonligida himoya dambalari qurish va ularni mustahkamlashda qatnashish majburiyati.

HASHAM – hukmdorga yaqin kishilar.

INOQ – turkiy so'z bo'lib, do'stona, yaqin odam, ishonchli vakil, ishonchli mansab egasi ma'nolarini anglatgan. 1) Markaziy Osiyoda XI-XIV asrlarda hukm surgan sulolalar saltanatida "maslahatchi", "vazir"ni anglatgan; 2) Buxoro xonligida hukmdorning ishonchli kishisi, mansabdor. XVII-XVIII asrlarda xonlikda ulug' inoq va kichik inoq bo'lgan. Ulug' inoq darajasiga ko'ra, ko'kaldosh va ulug' qushbegi (qushbegi-yi kalon) dan so'ng turgan. Ulug' inoq, asosan, hukmdor farmonlarini kichik mansabdagi amaldorlarga yetkazish va amir qabuliga muyassar bo'lganlarni kiritish bilan shug'ullangan. Kichik inoq ham xonning ishonchli kishisi bo'lib, ba'zan saroydan otga mingan holda chiqish huquqiga ega bo'lgan. O'z lavozimiga ko'ra, ulug' mehtar, devoni sarkor va dasturxonchidan yuqori turgan. Kichik inoqqa hukmdorning muhrlari solingan qutichani ehtiyot qilish topshirilgan. Kichik inoq shuningdek, amir nomiga tushgan ariza va shikoyatlarni qabul qilgan; elchilarni qabul qilish paytida ular keltirgan xatlarni ochib, amirning shaxsiy kotibi (munshiy)ga taqdim etgan; 3) Xiva xonligidagi yuqori ma'muriy mansab; xondan keyingi ikkinchi rutba. Odatda inoqlar xonning eng yaqin maslahatchilari bo'lishgan. Xiva xonligida inoqlar yirik amaldor, ya'ni qabila boshlig'i hisoblangan. Inoqlar huzurida qushbegi, mehtar va otaliqdan iborat kengash bo'lgan hamda ular amaliy tadbirlar ishlab chiqishda xonga yordam berganlar. XVIII asr oxiridan inoqlar hatto xonlikni ham idora eta boshlaganlar.

INOQLAR – Xiva xonligini idora qilgan sulola (1790-1920). Qo'ng'irot urug'iga mansub. Sulola asoschisi Muhammad Amin inoq (? - 1790). U yovmut qabilasidan chiqqan Xiva xonlariga qarshi kurashib, hokimiyatni egallagan. Abulg'oziy III (1770-1804)ni nomigagina xon qilib, amalda hokimiyatni yakka o'zi boshqargan. Sulola vakillari: Avazbek (1790-1804), Eltuzar (1804-1806), Muhammad Raximxon (1806-1825), Olloqulixon (1825-1843), Raximqulixon (1843-1846), Muhammad Aminxon (1846-1855), Abdullaxon (1855-1856), Kutlug'murodxon (1856), Said Muhammadxon (1856-1864), Muhammad Raximxon II (1864-1910), Asfandiyorxon (1910-1918), Said Abdullaxon (1918-1920).

10 SINF

AVLIYOOTA – Qozog'istondagi Taroz shahrining 1938 yilgacha bo'lgan nomi. SHaharning nomi valiylardan biri Qoraxon nomiga shunday atalgan deb taxmin qilinadi.

AVLOD (ar. valad – bola so'zining ko'pligi) – umumiy ajdodlaridan qarindoshlik munosabatlari bilan bir xilda uzoqlashgan kishilar guruhi.

AVOM – 1) omma, barcha kishilar, oddiy xalq degan ma'noni bildiradi; 2) ba'zan o'qimagan bilimsiz nodon kishilar ma'nosida ham ishlatiladi.

ALAF PULI – O'rta Osiyo xonliklarida yaylov, bedazor, mevali bog' va uzumzor egalaridan davlat hisobiga olinadigan soliq.

"AL-IZOH" – 1917 yil 19 iyundan 1918 yil martgacha Toshkentda "Ulamo" jamiyati tomonidan chop etilgan haftalik diniy, adabiy, ilmiy, siyosiy jurnal. Mudarris Abdumalikxoji Abdunabi o'g'li muharrirlik qilgan. Jurnalda maqolalar ko'proq diniy masalalar bo'yicha savol-javoblar shaklida berilgan.

"AL-ISLOH" – 1915-1918 yillarda Toshkentda nashr etilgan turkistonlik jadidlar va so'l ulamolarning jurnali. Noshiri Abdurahmon Sodiq o'g'li. Jurnalda e'lon qilingan maqolalar islom dinini isloh qilishga qaratilgan. Jurnalning 5 ta soni chiqqach, bolsheviklar tomonidan faoliyati to'xtatilgan

BOSMACHILIK – Turkiston mustaqilligi uchun kurashgan vatanparvarlar harakati sho'ro davri tarixshunosligida shunday nom bilan yuritilgan. Aslini olganda Turkiston hududida podsho va sovetlar Rossiyasi-bolsheviklarga qarshi qurolli kurash olib borgan turkistonliklar o'zlarini "bosmachilar" deb tushunishmagan. "Bosmachi" deb xalq o'rtasida harbiy sohaga aloqasi bo'lmagan jinoyatchi unsurlar, "o'g'ri" va "bezorilar to'dasi" tushunilgan. SHu bilan birga birovlarning yurtini bosib olgan bosqinchilarni ham "bosmachilar" deb atash mantiqan to'g'ri bo'ladi. Bu harakat haqida so'z yuritilgan 1918-1919 yilning o'rtalarigacha bo'lgan davrga tegishli arxiv xujjatlarida ham "bosmachi" so'zi uchramaydi. Bu hujjatlarda "qaroqchi" (razboynik), "shayka", juda bo'lmasa "bosqinchi" (bandit) iboralari qo'llanilgan. 1919 yilning o'rtalaridan boshlab sovet vaqtli matbuotida, keyinchalik esa ayrim rasmiy hujjatlarda milliy ozodlik harakatining mohiyatini pasaytirish, ajdodlarimizning Rossiya zulmi va bolsheviklar hukmronligiga qarshi olib borgan qonli kurashini xaspo'shlash uchun buyuk davlatchi-shovinistlar tomonidan "bosmachi" iborasi o'ylab topildi. Bugun bu vatanparvarlik harakati rahnomolari "istiqlolchilar" deb yuritilmoqda.

BOLSHEVIKLAR (rus. bolsheviki – ko'pchilik) – Rossiya sotsial-demokratik ishchilar partiyasi (RSDRP)da Lenin boshchilik qilgan siyosiy oqim vakillari. 1903 yil RSDRPning II s'ezdida partiyaning rahbar organlariga o'tkazilgan saylovlarda V.I.Lenin tarafdorlari ko'pchilik ovozni olishga muvaffaq bo'ladilar. SHu vaqtdan boshlab Lenin tarafdorlari bo'lgan bolsheviklar, unga muxolif bo'lgan kuchlar mensheviklar (ozchilik) deb yuritila boshlangan. Partiyaning nomi ham 1917 yil RSDRP dan RSDRP (b) ga o'zgartirildi. Bolsheviklar 1917 yil 25 oktyabrda Rossiyada davlat to'ntarishini amalga oshirib, podsho hokimiyatini ag'dardilar. XX asrning 20-30-yillarida o'tkazilgan qator ijobiy va salbiy ijtimoiy-siyosiy islohotlar, qurilish va buzg'unchiliklar, qatag'on va repressiyalarni ham aynan ana shu bolsheviklar amalga oshirgan edilar.

BONLAR (fr. bons – yaxshi, qulay) – 1) xususiy firmalar, mahalliy boshqaruv idoralari, korxonalar va davlat tomonidan chiqariladigan qisqa muddatli qarz majburiyatlari; 2) mayda pul vazifasini bajaradigan qog'oz pul belgilari. Turkiston bilan Markaz o'rtasida aloqa qiyinlashgan vaqtlarda (1918-1920 yillar) Toshkent va Andijonda ham bonlar (Turkbonlar) chiqarilgan. Keyinchalik sobiq Ittifoqda bonlar chiqarish man qilingan.

BORGOH (f. – podshoh chodiri) – maxsus ijozat bilan kiriladigan joy; hukmdorning qabulxonasi. Borgohga maxsus imtiyozli kishilar (tarxon, otaliq va b.) dan bo'lak barcha mansabdorlar eshik og'aboshi orqali hukmdordan ijozat olgachgina kira olgan.

BROKER (ing. – broker – o'rtada turib vositachilik qiluvchi, dallol, makler) – fond, tovar, valyuta birjalarida oldi-sotdi bitimlari tuzishda vositachilik (dallollik) qiladigan ayrim shaxs yoki firma.

BYUDJET (ing. vudget – hamyon, mablag') – davlatning ma'lum muddatga mo'ljallab tuzilgan va qonun bilan tasdiqlangan daromadlari va xarajatlari hisobi bandlar bo'yicha taqsimlangan xujjat. Xarajat qismi daromad qismidan ortiq bo'lsa, byudjetning taqchilligini bildiradi.

BURJ (ar. – minora, qal'a) – devorga tashqi tomondan tirgak sifatida ishlangan qurilma. Qal'a devorlariga tutashgan minora shaklidagi qo'shimcha bino. Burj ustida va ichkarisida maxsus xonalar bo'lishi mumkin. Mudofaa maqsadida qurilgan

boshqasining hududida doimiy rasmiy aloqalarni saqlab turish uchun tuzadigan va tegishli davlatlarning o'zaro munosabatida yuzaga keluvchi siyosiy va boshqa masalalar bo'yicha uni ta'sis etgan davlat nomidan chiqadigan xorijiy tashqi aloqalar organi.

DIVIDENT (lot. dividendum – taqsimlanadigan narsa) – aktsioner jamiyat foydasining aktsiya egasiga tegadigan, binobarin, uning daromadiga aylangan qismi. Har yili foyda aktsionerlar o'rtasida (soliqlar to'planib, ishlab chiqarishni rivojlantirish uchun mablag' ajratilganidan so'ng) ularning qo'lidagi aktsiya miqdori va turiga qarab divident taqsimlanadi

DIKTATURA (lot. diktatura – cheksiz hokimiyat) – Davlat boshqaruvining nodemokratik usullar bilan amalga oshirilishi; zo'ravonlikka tayanuvchi cheklanmagan hokimiyat; totalitar rejim. SHo'rolar davrida I.V.Stalin (1924-1953) diktatorlik boshqaruv tartibini o'rnatgan edi.

DIN (ar. – e'tiqod, ishonch) – Ilohiy kuchga, Xudoga ishonishga asoslangan dunyoqarash, tasavvur, urf-odat va marosimlar majmui.

EKOSAN – ekologiya va salomatlik xalqaro jamg'armasining 1992 yili ta'sischilar konferentsiyasida tashkil qilingan bo'lib, u notijorat, nodavlat (nohukumat) tashkilot hisoblanadi. Jamg'arma 14 mintaqaviy va 200 tuman (shahar) bo'limlariga ega. Korxona, tashkilot va o'quv muassasalarida qariyb 2,5 mln. jamg'arma faollari mavjud. Bir qator xorijiy mamlakatlarda (AQSH, Germaniya, Yaponiya, Pokiston, SHveytsariya, MDH mamlakatlari) jamg'arma bo'limlari tuzilgan.

"EKOSAN"ning asosiy vazifalari ekologik

muammolarni har tomonlama o'rganish, bu borada ilmiy kontseptsiya ishlab chiqishga va shu maqsadda barcha kuchlarni birlashtirishga ko'maklashish, ekologik madaniyat, ekologik tafakkurni tarbiyalash, aholini atrof-muhit to'g'risida xabardor qilish, buning uchun xalqaro uchrashuvlar, ko'rgazmalar, ekologik masalalar bo'yicha turli xalqaro tashkilotlar, kompaniyalar bilan aloqa o'rnatib, ish olib borishdir. Jumladan, BMT, YeXHT, YuNISYeF, Xalqaro sog'liqni saqlash tashkiloti, YuNYeSKO va boshqa tashkilotlar bilan EKOSAN yaqin hamkorlikni yo'lga qo'ygan.

Ushbu jamg'arma har yili "EKOSAN salomatlik poezdi" tashkil qilinishi munosabati bilan, ekologik jihatdan og'ir ahvoldagi hududlarda 200 mingga yaqin kishiga malakali tibbiy yordam ko'rsatilmoqda, insonparvarlik yuklari yetkazib berilmoqda. Har yili "Ekologiya va salomatlik kunlari" o'tkazilmoqda. "ASPYeRA" nomli tashkilot bilan hamkorlikda "Orol atrofida yashovchi onalar va bolalar"ga ekologik hamda mintaqaviy yordam berilmoqda.

ETNOGRAFIYA (yun. etnos – xalq, grapho – yozaman) – tarixning yordamchi fan sohasi bo'lib, xalqlarning urf-odatlari, xo'jaligi va madaniyatini; xalqlar, etnik birlikning turli tiplari, ularning kelib chiqishi (etnogenezi), turmushi, tarixiy va madaniy munosabatlarini o'rganadigan ijtimoiy fan. Etnografiya fani asosiy e'tiborni hozirgi xalqlarga qaratgan holda o'tmishda mavjud bo'lgan barcha etnik birliklarni ilmiy o'rganishni ham qamrab oladi.

ELCHI – davlatlarning o'zaro diplomatik aloqalarida faoliyat ko'rsatuvchi diplomatik vakolatxonalar boshlig'i. "O'zbekiston Respublikasining diplomatiya xodimlari uchun diplomatiya daraja va martabalarini belgilash to'g'risida"gi 1992 yil 3 iyulda qabul qilingan qonunga asosan, diplomatiya vakolatxonalari boshliqlarining eng yuqori darajasi. Favqulodda va muxtor elchi O'zbekiston Respublikasi Prezidentining farmoni asosida beriladi. Elchi tayinlangan mamlakatga jo'nab ketguniga qadar boradigan davlat rahbariga topshirish uchun Prezident tomonidan imzolangan ishonch yorlig'ini tayyorlaydi. SHu bilan birga, O'zbekiston Respublikasi Prezidentining farmoniga asosan, quyidagi hollarda elchi chaqirib olinadi: a) diplomatiya vakolatxonasining boshlig'i nomatlub shaxs (persona non grata) deb e'lon qilinganda; v) davlatlar o'rtasida munosabatlar uzilganda; g) davlatlar o'rtasida urush holati e'lon qilinganda; d) davlat xalqaro huquq sub'ekti sifatida yo'qolganda.

EVOLYUTSIYA (lot. yevalutio – ochilish, yozilish, takomillashish) – tadrijiy rivojlanish degan ma'noni anglatib, tabiat, jamiyat va ruhiy-ma'naviy rivojlanish kontseptsiyalarini umumlashtirib, ifoda etishga xizmat qiluvchi tushuncha. Evolyutsiya tushunchasi keng ma'noda rivojlanish tushunchasining sinonimi sifatida ishlatiladi.

EKZOGAMIYA (yun. exo – tashqi, gamos – nikoh) – ibtidoiy jamiyatdagi oila shakllaridan biri. Bir urug' yoki jamoa a'zolari orasida oila-nikoh munosabatlarning cheklanishi, urug' doirasidan tashqari, qo'shni urug' vakillari bilan tuzilgan nikoh. Oilaning ibtidoiy ko'rinishlaridan bo'lgan poligamiya (ko'p nikohlilik), endogamiya (ichki nikoh)dan keyingi bosqichi. Ekzogamiya urug'chilik jamiyatining rivojlanishi natijasi hisoblanadi.

EKSPANSIYA (lot. expansio – kengaytirish, yoyish) – yangi hududlarni, boshqa mamlakatlardagi bozorlarni egallash, ta'sir doirasini kengaytirish yo'lidagi harakat. Mustamlakachi davlatlarning o'zga xalqlar hududi, ularning boyliklari va bozorlarini egallash uchun bosqinchilik harakatlari. Masalan, tarixda Buyuk Britaniya Hindistonni, CHor Rossiyasi esa O'rta Osiyo va Kavkaz hududlarini o'z ta'sir doirasiga tushirish uchun xuddi shunday (ekspansiv) harakatni amalga oshirganlar.

Ekspansiyaning hududiy, iqtisodiy, siyosiy ko'rinishlari bo'ladi.

EKSPROPRIATSIYA (lot. ex – dan va proptius – shaxsiy) – davlat hokimiyati tomonidan majburiy ravishda (haqni to'lab yoki to'lamasdan) mulkdan mahrum etish. Ekspropriatsiyaning asosiy turlari natsionalizatsiya, rekvizitsiya, musodara hisoblanadi. O'zbekistonda mohiyatiga ko'ra xalq manfaatlari va xohish irodasiga zid ravishda ekspropriatsiya siyosati 1917 yil bolsheviklar to'ntarishidan keyin o'tkazila boshlangan edi. Xalq xo'jaligini sanoatlashtirish va qishloq xo'jaligini kollektivlashtirish (jamoalashtirish) yillarida (1925-1929) bu siyosat, ayniqsa, o'zining yuqori cho'qqisiga chiqqan edi.

"EL BAYROG'I" – milliy gazetalardan biri. 1917 yil 8 sentyabrdan Qo'qon shahrida "G'ayrat" kutubxonasida nashr etila boshlangan. 1917 yil 13 dekabrdan Turkiston muxtoriyatining rasmiy gazetasiga aylangan. "Yashasin, Turkiston muxtoriyati, yashasin qo'shma xalq jumhuriyati" shiori ostida xalqning ijtimoiy-siyosiy ongini uyg'otishga harakat qilgan. Gazetaga Bulat Soliev, undan keyin Ashurali Zohiriylar muharrir bo'lishgan. Gazetaning 20 ta soni chiqib, adadi 1000 nusxaga yetgan. 1918 yil fevral oyida Turkiston muxtoriyatining bolsheviklar qizil armiyasi tomonidan qonga botirilishi munosabati bilan gazeta ham o'z faoliyatini to'xtatgan.

ELITA (fr. elite – saralangan, eng yaxshi) – tanlangan, har qanday ijtimoiy siyosiy guruhlarning eng yaxshi qismi

ENDOGAMIYA (yun. endon – ichkari, ichki, gamos – nikoh) bir urug', qabila yoki ijtimoiy guruh doirasida tuzilgan oila, nikoh.

Ibtidoiy jamiyatda urug' ekzogam (tashqi nikoh), qabila esa endogam (ichki nikoh) bo'lgan. Endogam oila qurilishidan maqsad yaqin qon-qarindoshlar ichida mol-mulk yoki biron bir ijtimoiy guruhning o'z mavqeini saqlab qolishi bo'lgan. Zamonaviy sharoitda oilaviy munosabatlarda endogamiya holati kuzatilsa-da, meditsina jihatidan va qonunchilik tomonidan ta'qiqlanadi.

FARG'ONA – Sirdaryoning yuqori havzasida joylashgan tarixiy viloyat. Hozirgi Andijon, Namangan va Farg'ona viloyatlariga to'g'ri keladi. Farg'ona, dastlab tarixchi Gerodotning "Tarix" asarida "parikaniylar yurti" nomi ostida eslab o'tiladi. Farg'ona so'zi sug'd manbalarida "Fraganik" shaklida yozilib, "tog'lar orasidagi vodiy, atrofi berk soylik" ma'nosini anglatgan. Xitoy manbalarida "Dayyuan, ya'ni Davan" deb yuritilgan. Dayyuan ham "tog'lar orasidagi vodiy" ma'nosini beradi. Farg'ona tarixiy hududida tashkil topgan ilk davlat birlashmasi Davan davlati bo'lib, u miloddan avvalgi III asrdan - milodiy II asrlar oralig'ida mavjud bo'lgan.

HARBIY DEMOKRATIYA DAVRI – urug'chilik jamoasining so'nggi bosqichida jamoani boshqarishda harbiy ruhning kuchaygan davri. Bu davrda jamoa qabila va urug' boshliqlari tarkibidan tashkil topgan harbiy, diniy va dunyoviy kengash tomonidan boshqarilgan.

Urug'chilikdan sinfiy jamiyatga o'tish davridagi boshqaruv shakli hisoblanadi.

HARBIY KOMMUNIZM – sovet davlatining fuqarolar urushi sharoitidagi 1918-1920 yillarda yurgizgan ijtimoiy-iqtisodiy siyosati. Aholining boy qismi mol-mulkini tortib olishni, yalpi mehnat majburiyati joriy etishni, yirik, o'rta va qisman kichik sanoatni tez sur'atlar bilan davlat ixtiyoriga o'tkazishni nazarda tutardi. Tijorat ta'qiqlandi, qishloq xo'jaligi maxsulotlarining ortiqchasini davlatga topshirish majburiy qilib qo'yilgan.

IKKINCHI JAHON URUSHI (1939 yil sentyabr 1945 yil santyabr) – nemis fashistlari tomonidan birinchi jahon urushidagi mag'lubiyat o'chini olish uchun dunyoni qaytadan bo'lib olish maqsadida Germaniya, Italiya va Yaponiyaning aybi bilan boshlangan urush. Ikkinchi jahon urushi insoniyat tarixidagi eng qirg'inbarot urush bo'lib, u olti yil (2194 kun) davom etdi. Ikkinchi jahon urushiga 72 ta davlat jalb etildi. Harbiy harakatlar Yevropa, Osiyo va Afrikaning 40 ta mamlakati hududida bo'lib o'tdi. Urushga jami 110 mln. odam safarbar etilib, urush yillarida 62 mln. kishi (shu jumladan 27 mln. sobiq SSSR fuqarosi) halok bo'ldi.

IMPERIALIZM – kapitalistik mamlakatlar ijtimoiy-siyosiy taraqqiyotining bir bosqichi. Imperializm termini XIX asrning ikkinchi yarmida ingliz iqtisodchi olimi J.Gobsonning

"Imperializm" nomli kitobi (1902) chiqqanidan so'ng, ayniqsa, keng tarqaldi. Yevropaning sanoati rivojlangan ilg'or industrial mamlakatlari XIX asr oxiri – XX asr boshlarida imperializm bosqichiga qadam qo'ygan edilar. Kapitalizmning imperializm bosqichi mustamlakachi davlatlar o'rtasida rivojlangan sanoatni xom ashyo bilan ta'minlovchi mustamlaka yerlarini bosib olish uchun kurash avjiga chiqishi bilan xarakterlanadi. 1914 yilda boshlangan Birinchi jahon urushi ham mustamlakachi davlatlar o'rtasida bo'lingan dunyoni qaytadan bo'lib olish va yangi yerlarni mustamlakaga aylantirish maqsadidan kelib chiqqan edi.

IMPERIYA – qadimda va o'rta asrlarda, shuningdek, XX asr boshlarigacha monarxiya davlatlarining nomi. Imperiyaning boshlig'i imperator hisoblanadi. Imperator, avvalo, keng ko'lamda o'zining tarkibiga (bosib olish yo'li bilan) boshqa davlat va xalqlarning hududlarini kiritgan; ayrim imperiyalarning tarkibida bir nechta qirolliklar bo'lgan. Tarixda Aleksandr Makedonskiy (Iskandar Zulqarnayn) davlati (mil.avv. 334-323), Rim davlati (mil.avv. 14-milodiy 476 yillar), Vizantiya (395-1453), Franklar davlati (800-843), German davlatlarining "Muqaddas Rim imperiyasi" (962-1806), Usmoniylar davlati (1299-1923) va Yevropaning qator katta-kichik davlatlari imperiya deb yuritilgan. Rossiyada imperiya Pyotr I davridan

(1721 yildan) to monarxiya qulagunigacha (1917 yil oktyabr) mavjud bo'lgan. Imperiya davlati ko'pincha mustamlaka qilingan hududlardan tashkil topadi va yangi yerlarni bosib olish hisobiga kengayib boradi

JAHON BOZORI – xalqaro mehnat taqsimotida ishtirok etish orqali bir-biriga bog'langan mamlakatlar o'rtasidagi barqaror tovar-pul munosabatlari. Jahon bozori XVI asrdan boshlab shakllana boshlangan va XX asr boshlariga kelib bu jarayon tugallangan. Umuminsoniy iqtisodiy aloqalarning mavjudligi jahon bozoriga barqarorlik baxsh etadi. Jahon bozorida ayirboshlash xalqaro narxlarda va xalqaro valyuta vositasida amalga oshiriladi.

KANDAKORLIK – amaliy san'at turi; o'ymakorlikning metall buyumlarni o'yib, chizib naqsh, tasvir ishlash sohasi. Arxeologik tadqiqot natijalari O'zbekistonda kandakorlik juda qadimdan mavjudligini ko'rsatadi. Temuriylar davrida kandakorlik ayniqsa rivoj topib, unda yangi yo'nalishlar yuzaga keladi. XVIII-XIX asrlarda Buxoro, Samarqand, Xiva, Qo'qon, Qarshi, SHahrisabz, Toshkent shaharlari kandakorlikning eng yirik markazlari bo'lgan.

MUSULMONLAR BYUROSI, (Musbyuro) – Turkiston milliy kommunistlari tomonidan tashkil etilgan rahbar tashkilot.

Toshkentda Turkiston Kommunistik Partiyasining 2-o'lka konferentsiyasida,

T.Risqulov (rais), N.Xo'jaev, A.Muhitdinov, Y.Ibrohimov, Yu.Aliev (a'zolar)dan iborat tarkibda 1919 yil 30 martda tashkil etilgan. Matbuoti "Ishtirokiyun" (hozirgi "O'zbekiston ovozi") gazetasi. Byuro o'z faoliyati davomida Farg'onadagi istiqlolchilik harakati munosabati bilan Sovet hokimiyati oldiga vaziyatni barqarorlashtirish, iqtisodiyotni tiklash uchun qo'rboshilar va ularning yigitlariga umumiy avf e'lon qilish, aholini tinch mehnatga qaytarib, vayron qilingan xo'jalikni qayta tiklash, sovet tashkilotlari va qizil armiya saflarini millatchilik, buyuk davlatchilik shovvinizmi va mustamlakachilik ruhidagi unsurlardan tozalash, arman dashnoqlari ("Dashnaqtsutyun")ni qurolsizlantirish, milliy zulmga chek qo'yish kabi keskin talablarni qo'ygan.

Musulmonlar byurosi o'z saflariga mahalliy rahbarlarni birlashtirib, sovet rejimining mustamlakachilik siyosatini tanqid qildi. 1920 yil 20-27 yanvardagi Musulmonlar byurosining so'nggi 3-konferentsiyasida Turkkomissiya tazyiqi bilan o'z faoliyatini tugatgan.

MARDIKORLIKKA OLISH – Rossiya imperiyasi Antanta ittifoqida Germaniya va Turkiyaga qarshi 1914 yilda birinchi jahon urushiga kirdi. Rus qo'mondonligi urushda no'noqligi, uquvsizligi tufayli o'rinsiz qurbonlar berib, Rossiyaning urushga taraddudi puxta bo'lmaganligini ko'rsatdi. Rus qo'mondonligi urush og'irligini mustamlakalar yelkasiga ortib, ularni ezish siyosatiga o'tdi. Imperator Nikolay II imzo chekkan va 1916 yil 25 iyun kuni e'lon qilingan "Imperiyadagi rus bo'lmagan erkak aholini harakatdagi armiya rayonida muhofaza inshootlari va harbiy aloqa yo'llari qurish uchun olib boriladigan ishlarga, shuningdek, davlat mudofaasi uchun zarur bo'lgan boshqa har qanday ishlarga jalb qilish haqida" farmon chiqardi. Mardikorlikka olish to'g'risidagi bu farmonga ko'ra Turkiston, Sibir va Kavkaz xalqlaridan 19 yoshdan 43 yoshgacha bo'lgan erkaklarni safarbar qilish ko'zda tutilgan edi.

Safarbarlik to'g'risidagi farmonning e'lon qilinishi va mardikorlikka olinuvchilar ro'yxatini tuzish jarayonidagi adolatsizliklar va qonunbuzarliklar aholi o'rtasida keskin noroziliklarga va tarixda mashhur 1916 yilgi xalq qo'zg'olonlariga sabab bo'ldi.

MENTALITET (lot. mens – aql, fahm, zehn, idrok) – jamiyat, millat, jamoa yoki alohida shaxsning tarixan tarkib topgan tafakkur darajasi, ma'naviy salohiyati, ularning hayot qonunlarini tahlil etish kuchi, muayyan ijtimoiy sharoitlarda shakllangan aqliy qobiliyati, ruhiy quvvati. Jamiyat, millat yoki shaxsning mentaliteti ularning o'ziga xos an'analari, rasm-rusumlari, urf-odatlari, diniy e'tiqod va irimlarini ham qamrab oladi.

O'zbek xalqi mentalitetinining shakllanish

jarayoni deyarli uch yarim ming yillik tarixga ega. SHu davr mobaynida o'zbek xalqi insoniyat moddiy va ma'naviy madaniyatini bebaho durdonalar bilan boyitdi.

MENSHEVIKLAR (rus. mensheviki – ozlar) – Rossiyada 1898 yilda tashkil topgan RSDRP tarkibidagi siyosiy oqim, 1917 yildan mustaqil siyosiy partiya. Bu tushuncha RSDRPning 1903 yildagi 2-s'ezdida paydo bo'lgan. Mensheviklarning asosiy g'oyaviy rahbarlari L.Martov, A.S.Martinov, P.B.Akselrod, G.V.Plexanov va boshqalar partiya ishida Markaziy Ko'mitaga katta vakolatlar berilishiga qarshi chiqqanlar. 1905-1907 yillardagi inqilobda proletariat chorizmga qarshi liberal burjuaziya bilan ittifoqda harakat qilishi kerak deb hisoblaganlar. 1917 yil fevral inqilobidan keyin mensheviklar Vaqtli (Muvaqqat) hukumatni qo'llab quvvatlaganlar. Rossiya sotsializm uchun yetarlicha tayyor emas deb hisoblab, 1917 yil oktyabr to'ntarishini qabul qilmaydilar. Bolsheviklarning sotsializm qurish yo'lidagi harakatlari muvaffaqiyatsiz chiqa boshlagach, mensheviklar bolsheviklar boshqa partiyalar bilan murosaga boradi deb hisoblashgan. Rossiyada 1918-1920 yillardagi fuqarolar urushida antibolshevistik hukumatlarda, qurolli harakatlarda qatnashdilar. Biroq Antanta davlatlarining Sovet Rossiyasiga qarshi qurolli interventsiyasiga qarshi chiqadilar. Mensheviklar

1924 yil uyushgan kuch sifatida sho'rolar davlatida o'z faoliyatini to'xtatdilar. Uning vakillari turli davrlarda bolsheviklar tomonidan qatag'on qilindi.

METODOLOGIYA (yun. methodos – yo'l, usul, logos – ta'limot) – insonning amaliy va nazariy faoliyatini to'g'ri uyushtirish va tuzish to'g'risidagi ta'limot. Boshqacha qilib aytganda 1) ilmiy bilish metodlari va usullari to'g'risidagi ta'limot; 2) inson faoliyatining biron bir sohasiga qo'llaniladigan metod, usullar majmuasi.

METROLOGIYA (yunon. metron – o'lchov, logos – fan, tushuncha) – o'tmishda turli mamlakat va xalqlar orasida amalda bo'lgan og'irlik, masofa va sath o'lchov birliklarini o'rganuvchi fan.

"MILLIY ITTIHOD", "Ittihodi taraqqiy" – Turkiston jadidlari tomonidan tashkil etilgan va 1920-1925 yillarda faoliyat ko'rsatgan yashirin tashkilot. Munavvar Qori va Sadriddinxon SHarifxo'jaevlar tashabbusi bilan Toshkentda "Turk adami markaziyat (federalistlar) firqasi" (1917 y., iyul) va "Ittihodi taraqqiy" (1917-1920) yashirin tashkilotlari asosida tashkil etilgan.

"Milliy ittihod" bolsheviklar rejimiga qarshi kurashda sovet muassasalarida xizmat qilayotgan milliy rahbar xodimlarga tayangan va o'z oldigan Turkiston mustaqil milliy davlatini barpo etishni bosh maqsad qilib qo'ygan. 1920 yilda Buxoro Sovet Respublikasi tashkil etilgach, tashkilot markazi Buxoroga ko'chadi.

"Milliy ittihod" faoliyatida T.Jonuzoqov, Ashurali Zohiriy, U.Asadulaxo'jaev, Said Ahroriy, S.SHarifxo'jaev, Salimxon Tillaxonov, "Yosh buxoroliklar" firqasining sobiq a'zolari Fitrat, Otaulla Xo'jaev, Mukammil Burxonov, A.Muhitdinov, Usmon Xo'ja, Muinjon Aminov, Parso Xo'jaevlar faol ishtirok etadilar. 1921 yil avgustda Zaki Validiy tomonidan "Turkiston milliy birligi tashkiloti" tuzilishi bilan "Milliy ittihod" faoliyati yana kuchayadi. Keyinchalik CHo'lpon, S.Mirjalilov, O.Mahmudov, T.Norbo'tabekov, Bekjon Rahmonovlar ham shu tashkilotga yaqindan yordam beradilar. Tashkilot a'zolari Istiqlolchilik harakati rahbarlari bilan ham aloqalar o'rnatishgan. Turkistonda davlat chegaralanishi o'tkazilib, BXSR tugatilgach, 1924 yildan tashkilot markazi yana Toshkentga ko'chadi. 1925 yildan tashkilot "Milliy istiqlol" tashkiloti nomi bilan faoliyatini davom ettiradi. Sovet davlati mustahkamlanib, bolsheviklar diktaturasi o'rnatila borgach, tashkilot o'z faoliyatini to'xtatishga majbur bo'ladi. 1929 yilda Toshkentda Munavvar Qori boshchiligida 38 kishi (keyinchalik ularning soni 87 kishiga yetadi) bu tashkilotning a'zosi sifatida qamoqqa olinadi va qatag'on qilinadi.

OGPU (rus. – birlashgan davlat siyosiy boshqarmasi) – SSSR Xalq Komissarlar Kengashi huzurida 1923-1934 yillarda faoliyat ko'rsatgan davlat xavfsizligini qo'riqlash idorasi. Keyin NKVD tarkibiga kiritilib, Davlat xavfsizligi Bosh boshqarmasi deb o'zgartirilgan.

"OYNA" – o'zbek tilida nashr etilgan ilk jurnallardan biri. Turkiston jadidlarining rahnomasi Mahmudxo'ja Behbudiy tomonidan asos solingan va uning muharrirligida faoliyat yuritgan. 1-soni 1913 yilning 20 avgustida Samarqandda nashr etilgan. Jurnal avvaliga haftada 1 marta 24 sahifada, keyinroq 15 kunda 1 marta, 35 sahifada chiqarilgan. Turkistondagi tub aholini ilmu urfondan, ma'rifatdan bahramand qilish maqsadida chiqarilgan. Jurnal asosiy diqqatni o'lkada ta'lim tizimini yangilashga qaratgan. CHop qilingan materiallarning aksariyati maorifga aloqador bo'lgan. Vatanparvarlik, millatparvarlik g'oyalarini, betakror tarixiy madaniy merosimizni keng targ'ib qilish "Oyna"ning muhim xususiyati bo'lgan. Milliy tilga e'tibor berib, "har millat o'z tili ila fahr etar" deya uqtirgan.

"Oyna" jurnali 1915 yilning 15 iyuniga qadar nashr qilingan. Jami 68 ta soni chiqqan.

OKTABR TO'NTARISHI – Rossiyada 1917 yil 24-26 oktyabrda muvaqqat hukumatning qurol kuchi bilan ag'darilishi va hokimiyat tepasiga bolsheviklar partiyasining kelishi. Muvaqqat hukumatning ichki va tashqi siyosatdagi muvaffaqiyatsizliklari bolsheviklar targ'ibotini kuchaytirdi. 1917 yil avgust oxiri –

sentyabr boshlarida bolsheviklar Petrograd va Moskva Sovetlarida ko'pchilikni tashkil etib, qurolli to'ntarishga zo'r berib tayyorgarlik ko'ra boshlaydilar. 24 oktyabrdan – 25 oktyabrga o'tar kechasi qurollangan ishchilar, Petrograd gornizonining soldatlari va Boltiq flotining matroslari qishki saroyga bostirib kiradi va Muvaqqat hukumat a'zolarini qamoqqa oladi. V.I.Lenin boshchiligidagi yangi hukumat – Xalq Komissarlari Soveti (XKS) tuziladi. Bolsheviklarning asosiy siyosiy dushmani – Kadetlar partiyasi qonundan tashqari deb e'lon qilindi. Matbuot erkinligiga chek qo'yildi. Lekin bu paytda butun Rossiyada bolsheviklarning nufuzi u qadar kuchli emasdi. Xususan qonun chiqaruvchi organ – Ta'sis Majlisiga bo'lgan saylovlarda bolsheviklar 25 % ovoz olgan edilar xolos. 1918 yil yanvarda Petrogradda Ta'sis majlisi bolsheviklarning do'q-po'pisalaridan iborat talablarini rad etgach, noqonuniy ravishda tarqatib yuboriladi. Bu esa mamlakatning parchalanishiga va Rossiyada fuqarolar urushiga (1918-1922) sabab bo'ladi. "Harbiy kommunizm" siyosatiga o'tilishi, qatag'on organi Butun Rossiya Favqulodda Komissiyasi (VCHK)ning tuzilishi (1917 y. dekabr) va Qizil armiyasining tashkil qilinishi (1918 y fevral) bolsheviklar g'alabasini ta'minlab, ularning yakkapartiyaviy humronlikni o'rtatishlariga imkon berdi.

OLIGARXIYA (yun. oligos – oz, kichkina,

arche – hokimiyat, hukmronlik) – kamchilikning hokimiyati. "Oligarxiya" termini dastlab yunon faylasuflari (Aristotel, Polibiy) asarlarida aristokratiya tugatilishi oqibatida vujudga keladigan davlat tuzumi shaklini ifodalash uchun qo'llanilgan. Oligarxiya ijtimoiy hayotning moliya, siyosat, iqtisod, ishlab chiqarish va harbiy sohalarda vujudga kelishi mumkin. Siyosatda oligarxiya – hokimiyatning bir guruh shaxslarning tor doirasi qo'lida to'planishidir.

"INOG'OMOVCHILIK" – mustabid sovet davlati jazo organlari tomondan ataylab to'qib chiqarilgan va 1926-1931 yillarda bir qator milliy rahbar kadrlar va ziyolilarni aybsiz qatag'on qilinishiga sabab bo'lgan bolsheviklar rejimining bo'htonidir. "Inog'omovchilik"ning sababchisi O'z KP(b) MQ Ijroiya byurosi a'zoligiga nomzod, O'z KP(b) MQ Matbuot bo'limi mudiri va O'zSSR Maorif xalq komissari Rahim Inog'omov edi.

"Inog'omovchilikni" Zaki Validiy To'g'on va Mustafo CHo'qaevlar o'zbek kommunistlarining "O'rta Osiyo byurosiga (Sredazbyuro) qarshi dadil chiqishi" deb baholagan edilar. M.Cho'qaev R.Inog'omovga Parijda chiqayotgan "Yosh Turkiston" majmuasida ishtirok etishni taklif qiladi.

INQILOB, revolyutsiya – jamiyat yoki ijtimoiy hayotda ro'y beradigan chuqur sifat o'zgarishi. Inqilob so'zi ko'pincha ijtimoiy-siyosiy tuzumni qo'qqisdan, zo'rlik bilan o'zgartirish ma'nosida ishlatiladi, u ijtimoiy-siyosiy hayotni asta-sekin, evoliyutsion (tadrijiy) tarzda o'zgartirishlarning qarama-qarshisidir.

ISKANDARI SONIY" – Muhammad Xorazmshohni (1200-1221) saroy mulozimlari shunday nom bilan ulug'lashgan.

ISFAHON – G'arbiy Eron (Iroqi Ajam) ning yirik shaharlaridan; Safaviylar davlati (1502-1736) ning poytaxti.

ITIL – Volga daryosining qadimgi va o'rta asrlardagi nomi.

IUDAIZM, yahudiylik – asosan yahudiylar orasida tarqalgan eng qadimgi dinlardan biri. Miloddan avvalgi I ming yillik boshlarida Quddus (Falastin)da vujudga kelgan. Iudaizm miloddan avvalgi XI-X asrlarda Isroil-Yahudiya davlatini tuzgan qabilalarning diniy urf-odatlari va Falastin xalqlarining e'tiqodini o'zida mujassamlashtirgan. Iudaizm nomi Yahudo (Iuda) qabilasining nomidan olingan.

IXROJOT – Buxoro xonligi (SHayboniylar) davrida davlat muassasalari, qoshin va xon xonadoni xarajatlarini qoplash uchun to'lanadigan soliq.

ICHAN QAL'A – Xiva xonligining poytaxti Xiva shahrining ichki qal'asi; SHahriston. Ichan qal'ada xon saroyi, aslzodalar yashaydigan maskan, maqbara, madrasa, masjidlar joylashgan. Uning umumiy maydoni 26 gektar. Devorining uzunligi 2200 metr. Tashqi shahardan Ichan qal'aga 4 ta darvoza (Bog'cha darvoza, Polvon darvoza, Ota darvoza, Tosh darvoza) orqali kirilgan.

1961 yilda Ichan qal'a ansambli me'moriy yodgorlik sifatida muhofazaga olinib, muzeyga aylantirilgan. 1990 yildan Ichan qal'a Butun jahon yodgorliklari ro'yxatiga kiritilgan. 1997 yilda Xiva shahrining 2500 yillik yubileyi munosabati bilan asosiy yo'nalishdagi yodgorliklar qayta ta'mirlandi.

ICHKILAR – Movarounnahrda Temuriylar, SHayboniylar va Hindistonda Boburiylar saroyida xizmat qiluvchi navkarlar, xos qo'riqchilar, mulozim va beklar. Asosan, hukmdorga yaqin va sodiq zodagonlar safidan o'rin olgan ichkilar zarur vaqtlarda harbiy harakatlarda ham ishtirok etganlar.

IQTO' – o'rta asrlarda Yaqin va O'rta SHarq mamlakatlarida hukmdor tomonidan feodalga katta xizmatlari evaziga in'om qilingan chek yer. Odatda iqto' umrbod berilmay, hukmdor uni istagan vaqtida qaytarib olib, boshqa birovga berishi mumkin bo'lgan.

JABG'U, yabg'u – 1) Kushonlar davrida (I-IV a) oliy unvonlardan biri; 2) Turk xoqonligida (551-VIII a) qag'an va tegin (xonzoda, taxt vorisi) kabi ma'muriy-harbiy mansablardan keyin turadigan unvon. Harbiy sarkarda sifatida qo'shinning o'ng tomoniga rahbarlik qilgan. Bu mansabni egallashga faqat hoqon urug'i Ashinadan chiqqan shaxslargina haqli bo'lgan. Turk xoqonligiga asos solinganidan so'ng Buminga xoqon (qag'an), Istemiga esa (yabg'u) unvoni berilgan; 3) O'g'uzlar va qarluqlar hukmdori ham jabg'u deb yuritilgan.

JONIYLAR SULOLASI – qarang: Ashtarxoniylar sulolasi.

JUVOZXONA – o'simliklardan yog' olish ustaxonasi (moyjuvoz).

JUVONG'OR – Amir Temur qo'shinida asosiy jangovor qismning so'l (chap) qanoti.

JUYBON – sug'orish tarmoqlarini nazorat qiluvchi kichik mirob. Juybondan yuqoriroq mansabdor esa poykor deyilgan.

JO'YBOR (f. – ariq va daryolari ko'p joy) – daryo, ariqning o'rta asrlardagi nomlanishi.

JUL – Buxoro amirligida urush uchun aholidan yig'ib olinadigan soliq turi.

JO'JI ULUSI – CHingizxon imperiyasining bo'linishi natijasida 1224 yili uning katta o'g'li Jo'jixonga tekkan mulk, ulus. Jo'ji ulusi Irtishdan Ural tog'larigacha va g'arbda mo'g'ullar yetib borgan yergacha bo'lgan o'lkalarni qamrab olgan. Janub tomondan CHig'atoy ulusi bilan chegaradosh bo'lgan. XIII asr o'rtalaridan Jo'ji ulusi Oltin O'rda deb atalgan.

JO'Y, juy – ariq, sug'orish kanali. Hozirgi o'zbek adabiy tilida bu so'zning kichraytirilgan shakli – jo'yak saqlanib qolgan. Jo'ybor joy nomlari tarkibida saqlanib qolgan (Jo'yidam, Jo'yinav, Jo'ybor, Jo'yiqo'rchi).

JO'YBORI XOJALARI, jo'ybor shayxlari – Buxoro yaqinidagi Jo'ybor qishlog'idan chiqqan shayxlar xonadoni. Naqshbandiylik tariqatining vakillari. Ular o'zlarining kelib chiqishini ota tomonidan Muhammad payg'ambar avlodlariga, ona tomonidan esa CHingizxon va Jo'jiga bog'lar edilar. Aslzodalik va tasavvuf tariqatidagi mavqeiga ko'ra Jo'ybor shayxlari somoniylar davridan boshlaboq davlat ishlarida muhim mansablarni egallab kelar edilar. XVI asrning ikkinchi yarmidan jo'yboriy shayxlari Buxoro xonligida katta ta'sir kuchiga ega bo'lganlar. SHayx Muhammad Islom (1493-1563), keyinchalik uning o'g'li SHayx Abubakr Sa'd Buxoroda shayxulislom lavozimini egallaganlar.

JABG'U, yabg'u – 1) Kushonlar davrida (I-IV a) oliy unvonlardan biri; 2) Turk xoqonligida (551-VIII a) qag'an va tegin (xonzoda, taxt vorisi) kabi ma'muriy-harbiy mansablardan keyin turadigan unvon. Harbiy sarkarda sifatida qo'shinning o'ng tomoniga rahbarlik qilgan. Bu mansabni egallashga faqat hoqon urug'i Ashinadan chiqqan shaxslargina haqli bo'lgan. Turk xoqonligiga asos solinganidan so'ng Buminga xoqon (qag'an), Istemiga esa (yabg'u) unvoni berilgan; 3) O'g'uzlar va qarluqlar hukmdori ham jabg'u deb yuritilgan.

JAVONG'OR, jirong'or – qo'shinning so'l (chap) qanoti.

JAND – Hozirgi Qizil O'rdadan quyiroqda Sirdaryoning so'l qirg'og'ida joylashgan o'rta asr shahari.

JARIB – o'rta asrlarda amalda bo'lgan yuza, hajm, og'irlik va yer o'lchov birligi. SHarq mamlakatlarida, jumladan, O'rta Osiyoda VII asrdan boshlab qo'llanilgan. Yuza o'lchov birligi sifatida bir jarib bir tanobga teng: $1J = 1$ tanob $= 3600$ kv.gaz.

Og'irlik o'lchov birligi sifatida turli joyda jaribning miqdori turlicha VII-IX asrlarda 1 jarib – 22,825 kg, X asrda esa 32,5 - 108,3 kg oralig'ida bo'lgan.

JETE (JETA) – mamlakat nomi. XIV asrning o'rtalarida CHig'atoy ulusi ikki qismga bo'linib ketganidan keyin Yettisuv va CHu vohalari hamda SHarqiy Turkistonni o'z ichiga olgan uning shimoliy-sharqiy qismi tarix kitoblarida Mo'g'uliston yoki Jete nomi bilan atalgan. Movarounnahr chig'atoylari SHarqiy Turkiston va Yettisuv mo'g'ullarini qaroqchi, qaloq ma'nosida ham jeta deb atashgan.

JIZ'YA – dastlab Arab xalifaligida, keyinchalik boshqa musulmon davlatlarida shariat me'yorlariga ko'ra musulmon bo'lmagan fuqarolardan olinadigan jon solig'i. Jiz'ya balog'atga yetganlardan olingan. Qariyalar va ayollar, bolalar, qul va gadolar undan ozod etilgan.

JIROV – qozoq, o'zbek va qoraqalpoqlarda qo'biz bilan doston, terma, afsona va o'lanlarni ijod etib, kuylovchi xalq shoiri, baxshisi.

JIHOD – musulmonlarning g'ayri dinlarga, ya'ni kofirlarga qarshi olib borgan muqaddas urushi "jihod" deb atalgan. Jihodda halok bo'lgan kishi shahid hisoblanib, unga jannat va'da etilgan. G'alaba qilgan musulmon esa "g'oziy" hisoblanib, har qanday gunohlardan xalos bo'lgan.

JO'QORG'I KENGES – Qoraqalpog'iston Respublikasining bir palatali qonun chiqaruvchi organi nomi. 1995 yil 25 dekabrda tashkil etilgan. Qoroqalpog'iston Jo'qorg'i Kengesi hududiy saylov okruglari bo'yicha ko'ppartiyaviylik asosida besh yil muddatga saylanadigan 86 nafar deputatdan iborat. Jo'qorg'i Kenges o'z faoliyatini bir yilda kamida bir marta chaqiriladigan sessiyalar ko'rinishida olib boradi.

KAVI – "Avesto" da mamlakat sardori, mamlakatni idora qilgan shaxs. Ya'ni diniy va dunyoviy hokimiyat egasi.

KADIVAR – O'rta asrlarda qishloq ziroatkor jamoasining feodal dehqonlarga qaram bo'lib qolgan, yersiz, qullik asoratiga tushirilgan qismi. Zamindorlar qishloqlarda o'z tazyiq doiralarini kengaytirib, bora-bora ziroatkor aholi ustidan hukmronlik qila boshlagan. SHuning uchun ham ular ilk o'rta asrlarda "dehqon" ya'ni "qishloq hokimi" deb atalgan. Ularga qaram kishilar "kadivar", ya'ni "qishloq qo'rg'onlarida yashovchilar" deyilgan.

KADXUDO – qishloq va shahar oqsoqoli.

KALANTAR (f. – mahalla oqsoqoli; sardor) – o'rta asrlarda amaldor shaxs yoki ayonlarni anglatuvchi tushuncha.

KALOM (ar. so'z, nutq) – ilohiyotning ilk shakli. Arab xalifaligida VIII asrda paydo bo'lgan. IX asrga kelib, O'rta Osiyoda ham keng tarqalgan. Kalom tarafdorlari mutakallimlar deyilgan. Kalom asoschisi Abdulhasan al-Ash'ariy (873-935) mu'taziliylarga qarshi qattiq kurash olib borgan va o'z ta'limoti bilan sunniylik mazhabini mustahkamlagan. Mantiq va falsafadan foydalanib kalom ilmi bo'yicha o'z mazhabini yaratgan.

KALOM ILMI – e'tiqod to'g'risidagi bilimlar, ya'ni aqliy dalillar va mantiqiy uslubdan foydalanib, iymon va e'tiqodga bog'liq bo'lgan muommolarni izohlovchi fan. Islom dinining g'oyaviy asoslari bo'lmish, yaratish, qaytadan tiriltirish, Ollohning borligi va iymon chegaralari, jabru ixtiyor, xayru sha'r (yaxshilik va yomonlik), tangrining zoti va sifatlari va uning kalomi (Qur'on) kabi masalalar, kalom ilmining asosiy mazmunini tashkil etadi. Turkistonda Abulhasan Ash'ariy mazhabi bo'yicha samarqandlik Abumansur Motirudiy va qashqadaryolik an-Nasafiylar kalom ilmining nomoyondalari bo'lganlar.

KANBUL – Amir Temur qo'shinida qo'riqchi askariy qo'shilma.

KANPIR DEVOR, Kampir devor, Devori kanpirak – O'rta Osiyoda dehqonchilik vohalarini ko'chmanchilar hujumidan himoya qilish maqsadida barpo qilingan mudofaa inshootlari tizimi. Ma'nosi "qazilgan" choh demakdir. Talaffuzda "n" bilan "m" almashinuvi kuzatiladi. Pir so'zi esa qad. payrya – aylana, o'rov ma'nosida. Demak, kan(m)pir so'zi xandaqli devor degani. 1) qadimgi Buxoro vohasidagi shahar-qishloqlarni o'rab olgan mudofaa devori. Bu devor Sug'd podsholari zamonida barpo qilingan. Devorning kengligi 12-14 m, balandligi 8-10 m, uzunligi 336 km. bo'lgan. 2) qadimgi Sug'd vohasini o'rab olgan kanpir devor. VIII asr oxiri – IX asr boshlarida bino qilingan. Devorning kengligi 15-20 m, balandligi 2-4 m, uzunligi 120 km bo'lgan; 3) Usrushona vohasini o'rab olgan kanpir devor. Kengligi 15-20 m, balandigi 1-3 m. bo'lgan. 4) Qadimgi Farg'ona vodiysining g'arbidagi kanpir devor. VIII asr oxiri – IX asr boshlarida bino qilingan. Devor xarobasi shimoldan janubga cho'zilgan bo'lib, uning kengligi 12-15 m, balanligi 2-4 m bo'lgan. 5) Toshkent vohasini shimol tarafdan o'ragan kanpir devor. Devor Xo'jakentdan Sirdaryogacha cho'zilib, xarobalarining kengligi 10-15 m, balanligi 1-2 metr bo'lgan. VIII-IX asrlarda O'rta

Osiyoda arablar hukumronligi davrida Buxoro, Sug'd va Usrushona vohalari atrofidagi devorlar birlashtirilib, ko'chmanchilarga qarshi yagona mudofaa tizimi yaratilgan. X asrga kelib Somoniylar davrida kanpir devorlar o'z ahamiyatini yo'qotib, xarobaga aylana boshlagan.

KAPITAL (lot. capitalis – erg muhim, asosiy, bosh) – o'z egasiga daromad keltiruvchi mablag' va vosita; yangi qiymat keltiradigan, ya'ni o'zini-o'zi ko'paytiruvchi qiymat. U ishlab chiqarish vositalarining egasiga ish kuchini yollash orqali qo'shimcha daromad keltiradi va uni boyitadi. Ishbilarmon ixtiyoridagi mablag'lar ham kapital (sarmoya) deb ataladi.

KAPITALIZM (lot. capital – boylik, ne'matlar) – jamiyat taraqqiyotidagi muhim bosqichlardan biri, feodalizmdan keyin tarix sahnasiga chiqqan ijtimoiy-iqtisodiy tuzum.

Kapitalizm shuning uchun ham feodalizmni yengib, uning o'rnini egalladiki, u o'zidan oldingi ijtimoiy bosqichga nisbatan inson faoliyatiga juda keng yo'l ochdi, moddiy va ma'naviy taraqqiyot uchun yangi imkoniyatlarni yuzaga keltirdi. SHu sababli kapitalizm insoniyat tarixida misli ko'rilmagan kashfiyotlar va ixtirolar davri bo'ldi. XVI-XX asrlar mobaynida insoniyat o'zining kapitalizmgacha bo'lgan tarixi davomida yaratgan moddiy va ma'naviy boyliklaridan ko'proq ne'matlar yaratdi, fan, texnika va texnologiyani insoniyat hayotining negizi va kelajak taraqqiyotining poydevoriga aylantirdi. To'g'ri, kapitalizm davrida ilgarigi davrlarga qaraganda misli ko'rilmagan darajadagi mustamlakachilik bosqinlari, turli qo'zg'olonlar va qonli urushlar sodir bo'ldi (birinchi va ikkinchi jahon urushlari).

KARVONSAROY – karvonlar to'xtab, tunab o'tadigan rabot, saroy. SHarqda u savdo yo'llari bo'yida barpo etilgan. Karvonsaroylar odatda, o'rtada katta hovli, atrofi bir ikki qavatli hujralar bilan o'ralgan. Minorali qal'aband istehkom shaklida savdo manzillarida va shahardagi bozorlar qatoriga qurilgan. Arab sayyohlari Istahri va Ibn Xavqallarning ma'lumotiga ko'ra, X asrda Movarounnahrda 10 mingdan ziyod karvonsaroylar bo'lgan. Temir yo'l va zamonaviy transport vositalarining rivojlanishi natijasida karvonsaroylar o'z ahamiyatini yo'qotgan.

KATAPULTA, manjanaq (lot. kata – yuqoridan pastga va pallo – uloqtiraman) – qadimda dushman mudofaasini, qal'a devorlarini buzish uchun ishlatilgan tosh otar qurol, mexanizm. Katapulta tosh, g'o'lalarni, smola solib yondirilgan bochkalar va nayzalarni bir necha metrga uloqtirgan. Katapulta O'zbekiston hududida manjanaq va palaxmon deb atalgan.

KATORGA - jinoyatlar va siyosiy jinoyatlar uchun jazoning alohida turi. Ozodlikdan mahrum qilishning alohida qattiq tartibi va mahkumlarni og'ir jismoniy mehnatga jalb etish bilan qo'shilib ketadi. O'rta asrlarda, Rossiyada XVIII asrning boshida yuzaga kelgan. Katorga (surgun) qilinganlarning mehnatidan qal'alar, flotlar qurishda, konlarda foydalanilgan. XIX asr oxiri – XX asr boshlarida markaziy katorga turmalari tizim sifatida mavjud bo'lgan. 1917 yil fevral to'ntarishidan keyin tugatilgan.

KAFSAN, kapsan – 1) o'tmishda qishloq jamoasining xizmatini bajarganligi uchun dehqonlar tomonidan ayrim shaxslar (masalan, ma'mur, din arboblari, miroblar, sartarosh, podachilar)ga berilgan mahsulot to'lovi. Dehqonlar o'z qarindosh-urug'lari, qishloqdagi kambag'al oilalarga, beva-bechoralarga ham ixtiyoriy ravishda kafsan berganlar. Keyinchalik u majburiy to'lovga aylangan; 2) Turkiston o'lkasida sayyor artistlar truppasi ko'rsatgan tomoshalarda yig'ilgan pulni kishi boshiga taqsimlaganda tekkan ulush ham kafsan deyilgan.

KASHOVARZ (fors. – ekinzor, dehqon) – ilk o'rta asrlarda Xuroson va Movarounnahrdagi oddiy, erkin dehqonlar.

KENAGAS – o'zbek xalqi tarkibiga kirgan qabilalardan biri. Tarkibida bir qancha qabila va urug'lar bo'lgan. Bularning eng yiriklar ochamayli, kirey, abak kirey, ovoqli, taroqli, chuyut, qayri soli va boshqalar.

Abdullaxon II (1583-1598) davrida kenagaslar yuqori mansablarni egallashgan. Kenagas yetakchilari xonning o'ng tomonidagi ayonlar qatorida, raisdan keyingi o'rinda bo'lishgan. Ashtarxoniy Abdulazizxon (1645-1680) davrida soqiy Xoja kenagas Ishkashim hokimi bo'lgan. Abulfayzxon (1711-1747) Buxoro taxtiga o'tirgach, ayshu ishratga berilib, markaziy hokimiyatda parokandalik yuzaga kelganida miroxur Ismoil boshchiligida 2 ming kishilik kenagaslar qo'shini Buxoro viloyatidagi Bahouddin qishlog'iga bostirib kirib tinch aholini talaydilar. SHu boisdan, Abulfayizxondan keyingi xonlar kenagaslarni xonlikning turli viloyatlariga badarg'a qilib yuboradilar. Muhammad Raximxon (1753-1758) davrida Xudoyor kenagas Buxoro dodxohi etib tayinlangan. Qo'qon xoni Abdurahimbiy (1721-1733) kenagaslardan bo'lgan SHahrisabz hokimi Hakim Buxoriyning qizi Oychuchukka uylangan.

XX asr boshlariga kelib kenagaslar o'zbek xalqi tarkibiga singib ketganlar.

"KENGASH" – ijtimoiy-siyosiy gazeta. Toshkent shahrida 1917 yil iyun – sentyabr oylarida chiqqan. Turkiston musulmonlari markaziy sho'rosining nashri. "Najot" gazetasi (1917 yil mart – iyun) o'rniga chop etilgan. Gazetaga dastlab Zaki Validiy, keyinchalik Munavvar Qori Abdurashidxonov muharrirlik qilgan. Turkiston muxtoriyati g'oyasini keng targ'ib qilgan. Jami 16 ta soni chiqqan. 1917 yil oktyabrda "Turon" gazetasi bilan birlashib, "Turk eli" nomi bilan nashr etilgan.

KENOTAF (yun. kenotaphion – bo'sh qabr) – murda qo'yilmagan bo'sh qabr. Qadimda o'liklarni dafn etish mumkin bo'lmagan (bedarak yo'qolgan, musofirlikda vafot etgan va hakozo.) hollarda ramziy qabr sifatida marhumning buyumlari ko'mib qo'yilgan.

KENT (sug'd. – uy, xonadon) – ilk o'rta asrlarda Turonzaminda joy nomi. Sug'd yozuvi va arab geograflari asarlarida kat, kas, kand, "Devonu lug'otit turk"da kend, ken shaklida keltirilgan bo'lib, dastlab bir yoki bir necha oilalar yashaydigan atrofi devor bilan o'ralgan hovlini anglatgan. Oila yoki jamoa boshlig'i esa kadxudo deb atalgan. Keyinchalik kent joy nomlarining tarkibiy qismiga aylangan (Masalan: Toshkent, Piskent, Vobkent, CHimkent va boshqalar).

KEPAKI, kabakiy – CHig'atoy xonlaridan Kebekxon (1318-1326) chiqargan kumush tanga. Bir dinor kepaki ikki misqol kumushga yoki olti dirhamga teng bo'lgan. Kepakiy Temuriylar davrida ham muomalada keng foydalanilgan. Kepakxonga qadar mo'g'ul davlatlarida pul birligi bolish hisoblangan.

KESHIK – CHingizxonning maxsus gvardiyasi. Bu gvardiya botir harbiy boshliqlardan iborat bo'lib, u jangga juda kam safarbar etilardi. Keshik favqulodda sodir bo'ladigan xavf-xatarga qarshi tashlash uchun doimo jangovor holatda tutib turilar edi.

KIDARIYLAR – milodiy V asr boshlarida Movarounnahrning ichki viloyatlariga O'rta Osiyoning shimoliy-sharqidan ko'chib kelgan turkiyzabon ko'chmanchi qabilalar.

KIDONLAR, kidanlar, qtoylar – mo'g'ullar tarkibidagi qabila. Qadimda Ichki Mo'g'ulistonda ko'chib yurganlar. X asrda kidanlar Yapon dengizidan SHarqiy Turkistonga qadar cho'zilgan ulkan Buyuk Lyao saltanatini barpo etadilar. Bu saltanat 1125 yilda chjurjenlar tomonidan tugatilgach, kidonlarning bir qismi G'arbiy Turkistonga qorakidonlar (qoraxitoylar) nomi bilan ko'chib o'tib, Movarounnahrgacha kirib keladilar. Kidonlar nomidan Xitoyning ruscha atamasi – Kitay kelib chiqqan.

KIROPOL (KURUSHKAT) – rivoyatlarga ko'ra, Kir II qurdirgan shahar. Xarobalari O'ratepa yaqinidagi Nurtepa o'rnida joylashgan.

KITOBA – binolar bezagida ko'pincha peshtoq tepasiga, eshiklarning tepa qismiga bitilgan yozuvlar qatori. Unda hikmat yoki tarix (sana), ba'zan ustalarning ism-shariflari bitilgan bo'ladi.

KITOBDOR – Buxoro amirligida amir kutubxonasi va barcha viloyatlar kitobdorlari boshlig'i.

KOLLEKTIVLASHTIRISH (JAMOALASHTIRISH) – qishloq xo'jaligida mulkdorlar tabaqasini tugatish maqsadida sovet hukumatining 1929-1933 yillarda o'tkazgan siyosati. Unga ko'ra xususiy tadbirkor va o'ziga to'q dehqon xo'jaliklariga qarashli yerlar davlat foydasiga tortib olinib, ularning o'rnida davlat xo'jaliklari (sovxoz) va jamoa xo'jaliklari (kolxozlar) tashkil etildi. Yeri tortib olingan zamindorlar, boy dehqon xo'jaliklari, o'ziga to'q xonadon sohiblari kolxozlashtirishga qarshi chiqishi mumkin deb, ichki ishlar xodimlari tomonidan xalq dushmani deb e'lon qilindilar. "Quloq" qilinganlar Ukraina, Sibir va Qozog'istonning odam yashamaydigan cho'llariga, o'rmonlarga surgun qilindi. "Mehnatkashlar uchun" amalga oshirilgan jamoalashtirishning mamlakat xo'jaligi uchun yutug'idan ko'ra zarari ko'proq bo'lib chiqdi. CHunki bu tadbir o'zbek xalqining yer mulkchiligi bilan bog'liq bir necha ming yillik tarixiy ana'anasiga tamomila zid amaliyot edi. SHuning uchun ham jamoalashtirishga qarshi noroziliklar aksariyat hollarda siyosiy tus ham olgan edi.

KOMMUNA (fr. commune – jamoat, lot. communis – umumiy) – Frantsiya, Italiya, Belgiya, Jazoir, Senegal va boshqa bir qator davlatlarda qishloq yoki shahar tipidagi manzilgohlar bo'lib, ma'muriy-hududiy bo'linishning quyi qatlamlarini tashkil etadi. Ko'pgina mamlakatlarda Kommunani boshqarish saylab qo'yiladigan munitsipial kengashlar (menitsipalitet) tomonidan amalga oshiriladi.

Ushbu kengash kommunal xizmatlar faoliyatini tashkil etish (sog'liqni saqlash, ta'lim, suv, gaz, elektr bilan ta'minlash, obodonchilik va boshqa sohalarda), mahalliy ahamiyat kasb etuvchi boshqa jamoat ishlarini o'tkazish kabi vazifalar bilan shug'ullanadi. Munitsipial kengashning ijrochi organi kengash tomonidan saylanadigan yoki hukumat tomonidan tayinlanadigan mer (yoki burgomistr) hisoblanadi.

KOMMUNIZM (lot. communis – umumiy) – xususiy mulkchilikni inkor qilishga asoslangan turli qarashlarning umumiy nomi. Bolsheviklar ta'biri bilan aytganda, kapitalistik tuzum o'rniga keladigan ijtimoiy-iqtisodiy tuzum. "Kommunizmning birinchi bosqichi sotsializm bo'lib, ijtimoiy-iqtisodiy tenglikka asoslangan ana shu sotsialistik jamiyat taraqqiyotda davom etib kommunizmga qadam qo'yadi. Kommunizm-insoniyat jamiyatini tashkil etishning eng oliy formasi bo'lib, unda shaxsning barcha ijtimoiy, iqtisodiy, maishiy va huquqiy ehtiyojlari to'la qondirilgan bo'ladi", - deb ta'riflangan.

Kommunizmga yetish uchun kommunistlar tomonidan zo'r berib targ'ibot va tashviqot qilingan bo'lsada, biroq bu jamiyatni qurishning imkoni bo'lmadi. Sovet jamiyati XX asrning 70-yillari oxiridan boshlab, ijtimoiy-iqtisodiy hayotni bir qadar qisqa muddat yaxshilashga erishgan bo'lsada, kommunistik partiya daholari va ularga ergashgan sovet fuqarolari kommunistik jamiyat hali oldinda deb hisoblashdi. 80-yillarning o'rtalaridan esa sotsialistik jamiyat chuqur ijtimoiy-iqtisodiy va siyosiy inqiroz ko'chasiga kirib qola boshladiki, endi kommunizm g'oyasi oxiri yo'q, istiqbolsiz g'oya ekanligini har bir sog'lom fikrli odam anglab yeta boshladi.

KONKA, ko'nka (ruscha kon – ot) – to'rt yoki oltita ot bilan harakatlantiriladigan bir vagonli, tor izli shahar transporti. Dastlab Belgiyada paydo bo'lgan. Toshkentda dastlabki konka 1903 yildan boshlab, Xadradan Temir yo'l vokzaligacha qatnagan. So'ng boshqa yo'llarda ham qatnay boshlagan. Undan 1915 yilgacha foydalanilgan.

KONSYeNSUS (lot. consensus – rozilik, kelishuv, umumiy fikr) – xalqaro konferentsiyalar, yig'ilishlar va xalqaro tashkilotlarda qaror yoki shartnoma matnini, mazkur forumda ishtirok etayotganlarning hech biri qarshi ovoz bildirmagan holatlarda ularning umumiy roziligi asosida ovozga qo'ymasdan qabul qilish. Konsensus, shuningdek, muhokama qilinishi ma'lum vaqtga kechiktirilayotgan masalalarga nisbatan davlatlar nuqtai – nazaridan umumiyligini (birligini) ta'minlash vositasi sifatida ham qo'llanadi. "Konsensus" iborasi ham huquqiy, ham siyosiy ibora sifatida qo'llanadi. Konsensus asosda qarorlar qabul qilish barcha davlatlar tomonidan o'zaro kompromiss(murosa)ni, ya'ni bir-birlarining suverenitetini hurmat qilish, tenglik va tomonlar manfaatlarini o'zaro tan olishni ko'zda tutadi va bosim o'tkazish yoki xalqaro konferentsiya va tashkilotlarda qarorlarning ko'pchilik tomonidan mexanik qabul qilinishini inkor etadi.

Konsensus usuli BMT tizimi tarkibiga kiruvchi ko'pgina tashkilotlar va BMT doirasida o'tkaziladigan xalqaro konferentsiyalar tomonidan qabul qilingan.

KONSERVATIZM (lot. conservatio – saqlamoq) – ijtimoiy, siyosiy va madaniy hayotda eski va qadimgi an'analarning saqlanib qolishini xohlash. Tarixda konservatizm turli shakllarda namoyon bo'lgan, lekin, umuman olganda, mavjud va barqaror ijtimoiy tizimlar hamda me'yorlarga moyillik, inqilob va keskin islohotlarni qabul qilmaslik konservatizmga xos asosiy xususiyat hisoblanadi. Jamiyatda ijtimoiy o'zgarishlar yuz bergan sharoitda konservatorlar eski tartiblarni qayta tiklash tarafdorlari sifatida maydonga chiqadilar. Ushbu atama XVIII asr oxirida frantsuz adibi F.SHatobrian tomonidan inqilob davrida aristokratlarning mafkurasini ifodalovchi g'oyalar tizimi sifatida ilk bor ishlatilgan edi. G'arbda konservatizm hamisha liberalizm va sotsializmga qarshi turgan.

KONSOLIDATSIYa (lot. consolidatio – mustahkamlamoq) – til va madaniyat jihatdan yaqin va qon-qarindosh xalqlarning yagona bo'lib birlashuvi, etnoslarning bir-biriga yaqinlashib, aralashib ketishi.

KONSORTSIUM (lot. consortium – ishtirok etish, shirkat) – kompaniyalar, banklarning katta mablag'larni talab etadigan, juda keng ko'lamdagi iqtisodiy loyihani amalga oshirish yoki qarzlarni hamkorlikda joylashtirish uchun tuzilgan vaqtinchalik birlashmasi. O'z oldiga qo'yilgan vazifalar bajarilgach, konsortsium tarqaydi.

KONSTITUTSIYA (lot. constitutio – tuzilish) – davlatning xalq irodasini ifodalovchi, davlat tuzilishi va boshqaruv shakli asoslarini mustahkamlovchi, hokimiyat idoralari faoliyatining tashkil etilish tartibi va printsiplarini belgilovchi asosiy qonuni.

O'zbekiston Respublikasining amaldagi Konstitutsiyasi 1992 yil 8 dekabrda, Oliy Kengashning XII-chaqiriq 11-sessiyasida qabul qilingan bo'lib, u muqaddima, 6 bo'lim, 26 bob va 128 moddadan iborat. Asosiy Qonun oldidan muqaddima beriladi, unda qabul qilingan Konstitutsiya xalq irodasi ifodalanishi natijasi ekanligi, xalqimizning o'z taqdirini o'zi belgilashga, birlik va teng huquqlilikka intilishi bayon etilgan. Birinchi bo'limda konstitutsiyaviy tizimning asosiy printsiplari jamlangan; ikkinchisida inson va fuqarolarning asosiy huquqlari, erkinliklari va burchlari tizimi mustahkamlangan; uchinchi bo'lim fuqarolik jamiyati qurilishining huquqiy asoslarini o'zida aks ettiradi; to'rtinchi bo'lim davlat va ma'muriy hududiy tuzilishga bag'ishlangan; beshinchi bo'lim hokimiyatlar taqsimlanishi printsipi asosida qurilgan davlat hokimiyatining yangi tizimini mustahkamlaydi, oliy va mahalliy davlat hokimiyati idoralari tuzilishini ochib beradi; oltinchi bo'lim Konstitutsiyaga qo'shimcha va o'zgartirishlar kiritish tartibini o'z ichiga oladi.

KONFEDERATSIYA (lot. confoederatio – ittifoq, birlashma) – suveren davlatlar ittifoqi bo'lib, u muayyan (iqtisodiy, harbiy va boshqa) maqsadlarga erishish uchun tashkil etiladi. Davlat tuzilishining juda kam hollarda uchraydigan shakli. Qat'iy qilib aytiladigan bo'lsa, konfederatsiya davlat emas. Konfederatsiya organlari a'zo davlatlar faoliyatini, ular nima maqsadda birlashgan bo'lsalar, ana shu masalalar borasidagi faoliyatlarinigina muvofiqlashtiradi.

KONFERENSIYA (lot. conferentia – bir joyga to'plamoq) – davlat yoki partiya, jamoat va olimlar vakillarining muayyan masalani muhokama qilish uchun yig'ilishi. Keyinchalik konferentsiya tushunchasi kongress atamasi o'rnida ham qo'llanila boshlandi.

KONTSENTRATSION LAGERLAR – fuqarolardan iborat aholini yoki harbiy asirlarni sudsiz-so'roqsiz ommaviy ravishda qamash joylaridir. Oddiy qamoq joylaridan farqli o'laroq, kontsentratsion lagerlar urush davrida, mustabid terror yoki kolonial tizim hollarida tuziladi. Kontsentratsion lagerlarga qamash jinoiy jazo mazmuniga ega emas va aybdorni qayta tarbiyalash maqsadini ko'zlamaydi. Dastlabki kontsenratsion lagerlar 1895 yilda ispanlar tomonidan Kubada mustamlakachilarga qarshi qo'zg'olon boshlangan paytda vujudga keltirilgan edi. Rossiyada kontsentratsion lagerlar 1918 yil sentyabrida RSFSR XKSning "Qizil terror to'g'risida"gi qarori bilan vujudga keltirilgan edi. Keyinchalik ular maxsus lagerlar, XX asrning 30-40- va 50-yillaridagi qatag'on davrida esa "GULAG" deb nom olib, juda keng tarqaldi. Kontsentratsion lagerlarda saqlashning asosiy maqsadi siyosiy g'animlarni ommaviy ravishda yo'q qilish hisoblangan.

KONSEPSIYA (lot. conceptio – tushunish, tizim) – 1) biron bir masalani muayyan bir nuqtai nazardan tushunish, yondashuvlar tizimini bildiradi; 2) adabiyotda biron bir asarning asosiy g'oyasi .

KONTSESSIYA (lot. concessio – ruxsat, yon berish) – davlatga tegishli tabiiy boyliklar, korxonalar va boshqa obektlarni xorijiy davlatlarga, kompaniyalarga va ayrim shaxslarga ma'lum muddatga foydalanishga berish.

KOOPERATSIYA (lot. cooperatio – hamkorlik, birgalikda ishlash) – 1) jismoniy yoki yuridik shaxslarning birgalikda tadbirkorlik faoliyatini olib borish uchun ixtiyoriylik asosida birlashuvi; 2) ikki yoki bir necha mamlakatlarning xorijiy sheriklar ishtirokida qo'shma yoki o'zaro muvofiqlashtirilgan ishlab chiqarishni tashkil etishining unversal shakli.

KOSIBCHILIK (ar. – kasbkorlik) – 1) tor ma'noda – charmdan kovush, mahsi, shippak, etik va boshqa oyoq kiyimlarini qo'lda tikish bilan shug'ullanish; 2) keng ma'noda – qo'lda bajariladigan ishlar bilan shug'ullaniladigan kasblarning umumiy nomi (degrezlik, duradgorlik, zargarlik, kashtado'zlik, kulollik, ko'nchilik, miskarlik, temirchilik, tikuvchilik, o'ymakorlik va boshq.). Kosibchilik bilan, asosan, oddiy mehnat qurollari yordamida yakka tartibda shug'ullaniladi.

KOTIB (ar. – yozuvchi) – 1) turli qo'lyozmalarni ko'chirish ishlari bilan shug'ullanuvchi shaxs; mirza, xattot; 2) muassasa, idora, tashkilot yoki ayrim shaxslarning yozishmalarini olib boruvchi xizmatchi; 3) xizmatchi, korxonada ishlab chiqarishni olib boruvchi shaxs; 4) majlis va kengash qarorini yozib boruvchi shaxs; 5) ilmiy muassasalar, tahririyatlar va boshqa kundalik ishlarga rahbarlik qiluvchi shaxs.

KO'KALDOSH, ko'kaltosh – o'rta asr davlatlarida amal qilgan saroy lavozimi. Oliy hukmdorga va rasmiy sulolaga eng yaqin kishilardan tayinlangan. Odatda ko'kaldoshning ijtimoiy mohiyati rasmiy sulolaning biron vakili bilan bir onani emganligi bilan tushuntiriladi. Demak, ko'kaldosh dorgohning eng ishonchli kishilaridan hisoblanib, unga topshiriladigan vazifalar ham shu qadar nozik va mas'uliyatli bo'lgan. Ko'kaldosh xon siyosatiga fuqarolarning munosabatini o'rgangan va bu siyosatning daxlsizligini ta'minlagan.

KO'KTEPA QIRG'INI – CHor Rossiyasining erksevar turkmanlar yerlarini bosib olish jarayonida ro'y bergan eng yirik janglardan biri. 1879 yilda general Lazarev qo'mondonligidagi qismlar Ko'ktepaga hujum qilib, qaqshatqich mag'lubiyatga uchraydi. Bosqinchilarning yangi kuchlariga 1877-1878 yillardagi Rossiya-Turkiya urushida "Milliy qahramon", "Bolgariya xaloskori" deb ulug'langan general-leytenant M.D.Skobelev boshliq qilib tayinlanadi.

Skobelev qo'shini bilan turkmanlar o'rtasida 1881 yil yanvar oyida hal qiluvchi jang boshlandi. Ruslar hech qachon Ko'ktepa ostonasidek keskin qarshilikka duch kelishmagan edilar. Buni voqealarning guvohlari hamda muarrixlar tan olishadi. Turkman vatanparvarlariga jasur To'kma sardor boshchilik qilgan.

Akademik V.V Bartoldning yozishicha, "Yigirma kunlik qamaldan so'ng 1881 yilning 24 yanvarida Ko'ktepa qal'asi shturm bilan ishg'ol qilindi, so'ng talon-taroj qilish uchun askarlar ixtiyoriga to'rt kun muhlat berildi. Qal'ani zabt etish chog'ida ruslar o'lgan va yaradorlarni birga hisoblaganda 10 mingdan ortiq odamini yo'qotdi. Bu ruslarning O'rta Osiyodagi janglaridagi eng katta talofati edi. Ko'ktepa jangida Turkistonda birinchi marta ruslarning bayrog'i va zambaragi o'lja olindi".

KO'PPARTIYAVIYLIK – hozirgi zamon jamiyatining ajralmas belgisi, uning demokratiyalashuvi darajasining muhim poydevor ko'rsatkichidir. Ko'ppartiyaviylikning o'ziga xos belgisi, bu siyosiy xilma-xillik, jamiyatda bir necha siyosiy partiyaning mavjudligidir. Siyosiy partiyalar fuqarolarning ijtimoiy manfaatlarini parlament, davlat hokimiyati, mahalliy vakillik idoralari, aholining o'zini-o'zi boshqarish uyushmalari orqali ifoda etish hamda ro'yobga chiqarish maqsadida faoliyat ko'rsatuvchi kishilar birlashmasidir.

Partiyalar o'z dastur va siyosatlarini ishlab chiqib, bu dastur va siyosatlarini jamiyatga taklif etish orqali ularni ro'yobga chiqarishga harakat qiladilar va hokimiyat uchun kurash olib boradilar. Rivojlangan mamlakatlarning tajribasi shuni ko'rsatmoqdaki, siyosiy partiyalar jamiyatning siyosiy peshqadam a'zolari sifatida namoyon bo'ladilar.

O'zbekiston mustaqilligi e'lon qilinganidan buyon ko'ppartiyaviylikning to'laqonli harakat qilishi, jamiyatda turli siyosiy partiyalar faoliyati uchun huquqiy makon asoslari yaratildi va bu harakat davom ettirilmoqda.

KO'RAGON, kuragon, gurgon (mo'g'ulcha – kuyov) – CHingizxon avlodiga uylangan shaxslarga berilgan unvon. CHingiziylarning qizlariga uylangan qator shaxslar ko'ragon unvonini olganligi bilan faxrlanib yurganlar. Amir Temur va temuriylar davrida bu unvon kishi ismiga qo'shib aytilgan. Temuriylar zarb ettirgan tangalarga ham "ko'ragon" unvoni bitilgan. Ko'ragon unvoniga ega amirning boshqa amirlarga qaraganda imtiyozlari katta bo'lgan.

"QIZIL IMPERIYA" – 1917-1991 yillarda mavjud bo'lgan Sobiq Sovet Ittifoqiga tarixchilar, badiiy ijod ahli va ilmiy ziyolilar tomonidan ishlatiladigan atama. SHo'rolar davlatining bayrog'i qizil rangda bo'lganligi uchun shunday nomni olgan. G'arb ommaviy axborot vositalarida bu davlat "xalqlar turmasi" deb ta'riflangan bo'lsa, AQSH prezidenti R.Reygan (1980-1992) Sovet Ittifoqini "Yovuzlik imperiyasi" deb atagan edi. "Imperiya" so'zi lotincha so'z bo'lib, mutlaq hokimiyatga ega hokimni, mahkumlar, mazlumlar ustidan cheklanmagan huquqqa ega, jabr-zulm va ezishga asoslangan idora etish va boshqarish usulini, mustamlakalarga egalik qiluvchi va qaram xalqlarni asoratga solib, shafqatsiz ekspluatatsiya qiluvchi yirik tajovuzkor davlatni bildiradi.

11 SINF

ASAKA AVTOMOBIL ZAVODI – O'zbekiston avtomobil sanoatining yetakchi va to'ng'ich korxonasi. Zavod 1994-1996 yillar mobaynida Asaka shahrida "O'zavtosanoat" uyushmasi va Koreya Respublikasining "DEU" korporatsiyalari muassisligida bunyod etildi. Aktsiyalar hissasi 50% ga 50% bo'lib, investitsiyalarning umumiy hajmi 650 mln. AQSH dollarini tashkil etdi. Kompaniyani tuzish to'g'risidagi Ta'sis shartnomasi 1992 yil 29 avgustda imzolangan edi. Avtozavodda "Damas" miniavtobuslari 1996 yil 25 martdan, "Tiko" 1996 yil iyun oyidan, "Neksiya" avtomobili 1996 yilning iyul oyining o'rtalaridan ishlab chiqarila boshlandi. Keyinchalik, "Matis" va "Lasetti" kabi jahon standartlariga to'liq javob beruvchi avtomobillar ishlab chiqarish yo'lga qo'yildi. Avtomobil zavodining ishga tushirilishi bilan O'zbekiston jahonda avtomobil sanoatiga ega bo'lgan davlatlar qatoriga kirdi. Hozirgi kunda o'zbek avtomobillarining yangi modellari jahon bozorida o'zining jahon andozasiga mosligi va xaridorgirligi bilan ajralib turadi.

ASKETIZM (yun. asketes – mashq qilmoq, chiniqmoq) qadimgi davr va o'rta asrlarda mavjud bo'lgan diniy-axloqiy ta'limot bo'lib, u inson o'z hayotida moddiy ne'matlardan voz kechib, nafsni tiygan holda ma'naviy yetuklik – kamolotga intilishni targ'ib qilgan.

ASSAMBLEYA(fr. assamblee – majlis, yig'ilish) – 1) majlis; 2) bir qator mamlakatlarda davlat hokimiyati oliy organining, shuningdek, ayrim xalqaro tashkilotlar oliy organining nomi (masalan: BMT Bosh Assambleyasi).

AXBOROTLASHTIRISH – O'zbekiston Respublikasining "Axborotlashtirish to'g'risida"gi Qonuni axborot majmui faoliyatining iqtisodiy, huquqiy va tashkiliy asoslarini, uning O'zbekiston Respublikasida tutgan o'rni va ahamiyatini belgilaydi, axborot egalari va axborotdan foydalanuvchilar bo'lmish davlat hokimiyati va boshqaruv organlari, yuridik va jismoniy shaxslar o'rtasidagi munosabatlarni tartibga solib turadi.

Axborotlashtirish jarayonlari deganda, O'zbekiston Respublikasining "Axborotlashtirish to'g'risida"gi qonuniga ko'ra axborotlarni to'plash, jamg'arish, qayta ishlash, uzatish, qo'llash va ruxsat etilmagan tanishuvdan saqlash jarayonlari nazarda tutiladi.

AXBOROT ERKINLIGI – fuqarolarning konstitutsiyaviy huquqlaridan biri bo'lib, so'z, matbuot va boshqa ommaviy axborotga ega bo'lgan axborotni olish huquqi va qonuniy asosda olingan axborotlarni tarqatish huquqi. O'zbekiston Respublikasi Konstitutsiyasiga asosan, ommaviy axborot vositalari erkindir va qonunga muvofiq ishlaydi. Ular axborotning to'g'riligi uchun belgilangan tartibda javobgardirlar, tsenzuraga yo'l qo'yilmaydi (67-modda).

ALTERNATIV (MUQOBIL) SAYLOV (lot. alternare – ikkitasidan bittasi)-muqobil saylov. Bir-biriga qarama-qarshi bo'lgan ikkita nomzoddan birini tanlash.

Alternativlik hamma sohalarda siyosatda, iqtisodiyotda, ijtimoiy hayotda va boshqa tarmoqlarda uchraydi.

Bir-birini inkor qiluvchi ikki imkoniyatdan birining tanlanishi, ayniqsa, siyosatda yaqqol ko'rinadi. O'zbekiston izchil demokratik qoidalarga sodiq davlat sifatida o'z siyosiy hayotida barcha saylovlar alternativ (muqobillik) asosida o'tish tarafdori ekanini namoyish qilmoqda. Bu demokratik qoida, birinchi marotaba, keng miqyosda 1991 yil 29 dekabrda O'zbekiston Respublikasining Prezidentini saylash jarayonida amalga oshirildi.

AUDIYENTSIYA(lot. audentia – tinglash, quloq solish) – davlat va jamoat arboblari tomonidan chet el diplomatik vakillarining rasmiy qabul qilinishi. Xalqaro huquqda davlat boshlig'ining diplomatik vakilni qabul qilishi ham audientsiya deyiladi.

AUKTSION (lot. auctio – o'sish, ko'payish, ommaviy savdo) – maxsus kimoshdi savdo bozori, tovarlarni talabgor xaridorlarga sotish usuli. Auktsion savdo tovarlarining nisbatan cheklangan ro'yxati bo'yicha o'tkaziladi. Xaridorlar savdo boshlanguniga qadar auktsion omborlariga qo'yilgan tovar va uning namunasi (lot) bilan tanishadilar. Xaridorlar orasida eng yuqori narxni taklif qilgani tovarni sotib oladi.

ALISHER NAVOIY NOMIDAGI O'ZBEKISTON RESPUBLIKASI DAVLAT MUKOFOTI – O'zbekiston Respublikasining badiiy ijod sohasidagi eng oliy mukofoti. O'zbekiston Respublikasining birinchi Prezidenti I.A.Karimov tashabbusi bilan 1989 yil 13 sentyabrda ta'sis etilgan. O'zbekistonning madaniy hayotida katta voqea bo'lgan, milliy qadriyatlar hazinasini boyitgan eng yorqin va sermahsul asarlar uchun beriladi. Mukofotni 1996 yildan O'zbekiston Respublikasi Prezidentining farmoni bilan har 3 yilda bir marta Mustaqillik bayrami arafasida berish tartibi joriy etilgan. Mukofot eng kam oylik ish haqining 200 barobari miqdorida belgilangan.

AGRESSIYA (lot. agressio – hujum) – BMT Nizomiga ko'ra bir davlatning ikkinchi davlat suvereniteti va chegara dahlsizligini noqonuniy ravishda buzib, uning hududiga bostirib kirishi. Agressiyaga quyidagilar kiradi: bir davlat harbiy kuchlari tomonidan ikkinchi davlat hududidining bosib olinishi yoki hujum qilinishi, har qanday harbiy okkupatsiya, kuch ishlatib, o'ziga qo'shib olish (anneksiya), bir davlat hududining boshqa davlat harbiy kuchlari bilan bombardirovka qilinishi yoki boshqa kuch ishlatilishi, bir davlat harbiy kuchlari bilan boshqa davlat qirg'oq va portlarini qamal qilish, quruqlikdagi, dengiz yoki havo kuchlariga harbiy hujum uyushtirish, bir davlat roziligi bilan uning hududida joylashgan davlatga shartnomada ko'rsatilgan shartlarni buzgan harbiy kuch ishlatish, bir davlatning o'z hududini boshqa davlatga uchinchi bir davlatga qarshi bosqinchilik uyushtirish uchun taqdim etishi. Biror davlatga qarshi harbiy kuch ishlatish harakatini amalga oshirish bo'yicha boshqa davlat yoki uning nomidan harbiy to'da, muqobil yoki yollanma kuchlarni yuborish ham agressiv harakatiga kiradi.

ADVOKATURA (lot. advocatus – yordamga chaqirmoq) – huquqiy institut, advokatlik faoliyati bilan shug'ullanuvchi shaxslarning mustaqil, ko'ngilli, kasbiy birlashmalarini o'z ichiga oladi. O'zbekiton Respublikasi fuqarolari, ajnabiy fuqarolar, fuqaroligi bo'lmagan shaxslarga, korxonalar, muassasalar, tashkilotlarga yuridik yordam ko'rsatadi. O'zbekiston Respublikasining "Advokatura to'g'risida"gi qonuni 1996 yil 27 dekabrda qabul qilingan.

ADLIYA (ar. adl – adolat, to'g'rilik) – sudlov muassasalari, sud tashkilotlari va ular faoliyatini anglatuvchi tushuncha. O'zbekiston Respublikasida adliya organlari faoliyatiga O'zbekiston Respublikasi Adliya Vazirligi rahbarlik qiladi.

ADNO (ar. – eng past) 1) XIX-XX asr boshlarida Xiva xonligida 5 tanobgacha yeri bo'lgan pastki tabaqadagi dehqonlar. 2) Madrasa talabalarining boshlang'ich o'quv guruhi.

"BARKAMOL AVLOD" sport o'yinlari – O'zbekistonning kasb-hunar kollejlari va akademik litseylari o'quvchilari o'rtasida o'tkaziladigan ommaviy sport musobaqalari. O'zbekiston Respublikasi Vazirlar Mahkamasining 2001 yil 19 yanvardagi qarori asosida tashkil etilgan. "O'quvchi va talaba yoshlarni sportga jalb qilishga qaratilgan uzluksiz sport musobaqalari tizimini tashkil etish to'g'risida"gi 2003 yil 3 iyun qaroriga binoan respublika final bosqichlari 3 yilda bir marta o'tkazilishi belgilangan. Sport o'yinlarida olimpiada o'yinlari dasturiga kirgan va shaxmat, belbog'li kurash singari ommalashgan sport turlari bo'yicha musobaqalar o'tkaziladi.

BANK (fr. banque, it. banco – sarrof peshtaxtasi, kursisi) – pul mablag'larini o'zida saqlovchi, kredit (qarz, ssuda) beruvchi, pul hisobotlarini, pul chiqarishni (emissiyani), qimmatli qog'ozlar (banknotlar, cheklar, veksellar) chiqarishni amalga oshiruvchi va davlatlar, korxonalar, muassasalar va alohida shaxslar orasida o'zaro to'lovlarni va hisob-kitobni amalga oshirishda vositachi vazifasini bajaruvchi maxsus moliya-kredit muassasasi.

BANKROT (it. – danco rotto – singan kursi) – qarzini to'lashga qurbi yetmay qolgan, singan kasb-hunar egasi yoki korxona.

BARREL (ing. varrel – bochka, bochkacha) – sig'im va hajm o'lchov birligi. AQSHda bir quruq barrel 115,628 dm kubni, neft barreli 158,988 dm kubni tashkil etadi. Xalqaro neft savdosida 1 barrel neft 159 litrga teng.

BOJXONA – 1) boj undiriladigan joy; 2) chegara orqali o'tadigan jami yuklarni nazorat qiladigan davlat muassasasi; o'tkazilgan yuklarni tekshirish, tartibga solish va rasmiylashtirish, ulardan boj va yig'imlar undirish bilan shug'ullanadi.

BOZOR IQTISODIYOTI – ko'pchilik xalqlarga manzur bo'lgan va ular kelajagini ta'minlovchi iqtisodiyot hisoblanadi. U hozirgi davrga xos umuminsoniy iqtisodiyotdir.

Bozor iqtisodiyoti iqtisodiy faoliyatda erkinlikka, xo'jalik yuritishda, oqilonalik tamoyillariga asoslangan demokratik iqtisodiyotdir.

Bozor iqtisodiyotida daromadlarning yuqori chegarasi belgilab qo'yilmaydi, bu esa kishilarda pul topish ishtiyoqini kuchaytirib, ishlab chiqarishga rag'bat beradi. Boy kishilar ibrat bo'lib xizmat qiladi, boylikka havas uyg'onib, kishilarda boy bo'lishga intilishni kuchaytiradi, iqtisodiy faollik va taraqqiyotni ta'minlaydi.

BIZNES (ing. businnes – faoliyat, mashg'ulot) – daromad keltiradigan yoki boshqa naf beradigan ho'jalik faoliyati; sohibkorlik-tijorat ishlari bilan shug'ullanish, pul topish maqsadida biror ish bilan band bo'lish. Biznes tovar ishlab chiqarish va uni sotish, xizmat ko'rsatish, transport va boshqa sohalardagi faoliyatdir. Biznes xo'jalik yuritish ko'lamiga qarab yirik, o'rta va mayda turlarga bo'linadi. Yirik biznesga asosan, ishlab chiqarishda 500 dan ortiq kishi band bo'lgan, o'rta biznesda 20-500 kishi band bo'lgan korxona va firmalar, mayda biznesga 10-20 va undan kam kishi ishlaydigan korxonalar kiradi.

BILIM OLISH HUQUQI – fuqarolarning ijtimoiy huquqi. Davlat tomonidan ta'minlanadi. O'zbekiston Respublikasi Konstitutsiyasining 41-moddasida: "Har kim bilim olish huquqiga ega. Bepul umumiy ta'lim davlat tomonidan kafolatlanadi. Maktab ishlari davlat nazoratidadir" deb qayd etilgan. Ushbu konstitutsiyaviy tamoildan kelib chiqib, 1997 yil 29 avgustda "Ta'lim to'g'risida"gi qonun va qonunni hayotga tadbiq etish uchun "Kadrlar tayyorlash milliy dasturi" ishlab chiqilgan.

DAVLAT – sinfiy jamiyatda asosiy ishlab chiqarish vositalari egalarining umumiy manfaatlarini ta'minlovchi va uni himoya qiluvchi siyosiy tashkilotdir. Ibtidoiy jamiyatda insoniyat jamiyati urug'-qabilachilik munosabatlari, urf-odat, rasm-rusmlari kabi axloqiy me'yorlar bilan boshqarilgan bo'lsa, sinfiy jamiyatda jamiyat a'zolari davlatning (xukmron sinfning) yozma erki bo'lgan (yozib qo'yilgan) huquq-qonunlar orqali boshqariladigan bo'ldi. Demak, davlat bu jamiyatni boshqaruvchi siyosiy mexanizmdir. Davlat o'z faoliyatini davlat organlari (amaldorlar apparati, sud, qo'shin va h.k.) orqali yuritadi.

DAVLAT BUYURTMASI – xo'jalik aloqalarini davlat tomonidan bevosita boshqarish shakli. Davlat buyurtmasini bajarish uchun shartnomalar davlat kontrakt tizimi organlari, mahsulot ishlab chiqaruvchilar va iste'molchilar o'rtasida tuziladigan shartnomalarga nisbatan asosiy o'rin tutadigan shartnomalar sifatida tayyorlovchi korxonalar tomonidan tuziladi. Davlat buyurtmasining ishlab chiqaruvchi uchun foydaliligi quyidagilar bilan ta'minlanadi: 1) shartnomaviy narx; 2) davlat buyurtmalari bosh shartnomada belgilangan miqdorda joylashtiriladigan mahsulot nomenklaturasi doirasidagi moddiy resurslar; 3) foydadan olinadigan soliq bo'yicha imtiyozlar.

DAVLAT VA JAMIYaT QURILISH AKADYeMIYaSI – rahbar xodimlarni tayyorlovchi va qayta tayyorlovchi, ular malakasini oshiruvchi o'quv-uslubiy va ilmiy markaz. O'zbekiston Respublikasi Prezidentining 1995 yil 19 aprel farmoniga muvofiq tashkil etilgan. Asosiy vazifasi – hokimliklar va boshqaruv organlari rahbar xodimlari, shuningdek, o'rta bo'g'in boshqaruv organlari va rahbar xodimlari, jamoat tashkilotlari, xo'jalik tuzilmalarining oliy toifali zamonaviy mutaxassislari va rahbarlarini o'qitish va tarbiyalashdan iborat.

DAVLAT GERBI – davlatning rasmiy emblemasi bo'lgan farqlovchi belgisi; bayroq, pul belgilari, muhrlar va ba'zi bir rasmiy hujjatlarda aks ettiriladi. Davlat gerbining mazmuni konstitutsiya yoki maxsus qonun bilan belgilanadi. O'zbekiston Respublikasining Konstitutsiyasiga binoan, Davlat gerbi Oliy Kengashning 1992 yil 2 iyul kuni bo'lgan X sessiyasida "O'zbekiston Respublikasining Davlat gerbi to'g'risida"gi qonunni qabul qilish bilan tasdiqlangan.

DAVLAT GIMNI (yun. hymnos – madhiya, maqtov ashullasi, tantanali qo'shiq) – Vatanni, davlatni, tarixiy voqealarni, ularning qahramonlarini ulug'lovchi she'riy-musiqiy asar, davlatning ramzlaridan biri. O'zbekiston Respublikasi Konstitutsiyasining 5-moddasiga binoan, O'zbekiston Respublikasining Davlat madhiyasi uning tasvirlanishi va rasmiy qo'llanilish tartibi qonun bilan belgilanadi. "O'zbekiston Respublikasining davlat madhiyasi to'g'risida" gi qonuni 1992 yil 10 dekabrda qabul qilingan.

DAVLAT DINI (rasmiy din) – tegishli diniy institutning davlat rasmiy tashkiloti tarkibidagi qismi deb tan olinishini bildiradigan konstitutsiyaviy-huquqiy institut. Bu davlatning birinchidan, ushbu muassasani moliyalashtirishida; ikkinchidan, ruhoniylarni tayinlashda ishtirok etishida; uchinchidan, ushbu muassasaning ichki faoliyatini tartibga soluvchi hujjatlarini tasdiqlashida namoyon bo'ladi.

Davlat dini instituti Buyuk Britaniya (anglikanlik), SHvetsiya, Norvegiya, Daniya, Islandiya (lyuteranlik), Ispaniya, Paragvay (katoliklik), Gretsiya (pravoslavlik), Iordaniya, Eron, Marokash (islom) kabi mamlakatlarda mavjud. Bir qator boshqa davlatlarda (Belgiya, GFR, Niderlandiya, Isroil) Davlat dini instituti dinning davlat tomonidan yuridik tan olinishi instituti bilan almashtirilgan. Ushbu institutning Davlat dinidan farqi shundaki, davlat ruhoniylarni tayinlash va cherkovning ichki faoliyatini tartibga solish ishlariga aralashmaydi, ammo shunga qaramay tan olingan cherkovga moliyaviy yordam beradi, ko'pincha cherkovda o'tkaziladigan nikoh marosimining yuridik oqibatlarini e'tirof etadi.

DAVLATLARARO TUZILMALAR – davlatlararo doimiy va vaqtincha faoliyat ko'rsatuvchi, davlatlararo shartnomalar asosida tashkil etiluvchi ittifoqlar. O'zbekiston Respublikasi Konstitutsiyasining 17-moddasiga ko'ra, O'zbekiston ittifoqlar tuzishi, hamdo'stlik va boshqa davlatlararo tuzilmalarga kirishi mumkin, lekin bu davlatning, xalqning oliy manfaatlariga, uning farovonligi va xavfsizligiga qarshi bo'lmasligi shart.

Mustaqillik yillarida O'zbekiston 500 dan ortiq ikki tomonlama va ko'ptomonlama shartnomalar, bitimlar tuzdi, hamda, 80 dan ortiq muhim xalqaro konventsiya va shartnomalarga qo'shildi. O'zbekiston teng huquqlar asosida jahonning barcha obro'li va ta'siri kuchli xalqaro tashkilotlariga a'zo bo'lgan.

DAVLAT MUSTAQILLIGI RAMZLARI – davlatning timsollari, uning suverenitetini, milliy va iqtisodiy ko'rsatkichlarini, siyosiy-ijtimoiy tuzumini, asosiy mafkura va hayot qoidalarini ko'rsatuvchi belgilar, eng muhim xujjatlar, g'oyalar va tushunchalar.

Davlat ramzi-bu mustaqil davlat belgisidir. U davlat bayrog'i, davlat gerbi, davlat madhiyasi mamlakat milliy valyutasi va mamlakat konstitutsiyasida o'z ifodasini topadi.

DAVLAT TUZILISHI SHAKLI – konstitutsiyaviy huquq nazariyasida davlat yoki ittifoqni tashkil etuvchi davlatlarni hududiy tashkil qilish usuli. Davlat tuzilishi shaklining ikki xili farqlanadi: federatsiya va unitar davlat. Ko'p millatli tarkibga ega bo'lgan mamlakatlarga nisbatan ba'zan "milliy-davlatchilik tuzilishi shakli" terminidan ham foydalaniladi.

DAVLAT CHEGARASI – davlat mustaqilligining zaruriy belgilaridan biri bo'lib, har qanday davlat o'z hududiy chegarasiga egadir. Davlat hududining boshqa davlat hududi bilan tutash chizig'i davlat chegarasi deb e'tirof etiladi.

O'zbekiston Respublikasi beshta mustaqil davlat Qozog'iston, Qirg'iziston, Tojikiston, Turkmaniston va Afg'oniston davlatlari bilan chegaradoshdir.

Davlatimiz hududi chegaralarining umumiy uzunligi 6221 kilometrni tashkil etadi. Jumladan, Afg'oniston bilan chegara-137 km, Qozog'iston bilan-2203 km, Qirg'iziston bilan 1099 km, Tojikiston bilan-1161 km, Turkmaniston bilan-1621 km dan iborat.

Konstitutsiyamizning 3-moddasida "O'zbekistonning davlat chegarasi va hududi dahlsiz va bo'linmasdir", - deb qayd etilgan.

O'zbekiston davlat chegarasini qo'riqlash vazifasini Respublika chegara qo'shinlari amalga oshiradi.

DAVLAT HOKIMIYATI VAKILLIK ORGANLARI – fuqarolarning davlat va jamiyat ishlarini boshqarishdagi ishtirokining vakillik shakli. Davlat hokimiyati vakillik oorganlari vakillik xususiyati, ularning saylov yo'li bilan tashkil etilishi, masalalar jamoa tomonidan erkin muhokama asosida hal qilinishidan, oshkoralikdan, davlat hokimiyati va boshqaruv organlari, ular saylaydigan, tasdiqlaydigan yoki tayinlaydigan mansabdor shaxslar vakillik organlari oldida mas'ul bo'lishidan va hisobot berib turishidan, qonuniylikdan, fuqarolarni davlat ishlarini boshqarish ishiga keng ko'lamda jalb etishdan, jamoatchilik fikrini doimo hisobga olishdan iborat.

O'zbekiston Respublikasida Davlat hokimiyati vakillik organlari tarkibiga oliy vakillik organi – Oliy Majlis va mahalliy vakillik organlari – hokim boshchilik qiladigan viloyat, tuman va shahar xalq deputatlari Kengashlari kiradi.

DAVLAT SIYOSIY BOSHQARMASI (GPU) – sho'rolar davlati xavfsizligini muhofaza qilish maqsadida 1922 yilda Butun Rossiya favqulodda komissiyasi (VCHK) o'rniga tuzilgan. 1923 yildan – Birlashgan davlat siyosiy boshqarmasi (OGPU) deb ataladi. Bu organ sobiq Ittifoqda va jumladan, O'zbekistonda siyosiy qatag'onlarni uyushtirgan.

DAVLAT TILI – davlat aholisi ko'pchiligi yoki asosiy qismining ushbu davlatda konstitutsiya asosida davlat tili sifatida belgilangan tili. O'zbekiston Respublikasining Konstitutsiyasi 4-moddasiga muvofiq, O'zbekiston Respublikasining butun hududida o'zbek tili davlat tilidir. Davlat tili O'zbekiston Respublikasining davlat hokimiyati organlarida, mahalliy o'zini-o'zi boshqarish organlarida, davlat muassasalarida asosiy til sifatida ishlatiladi. Davlat tilidan foydalanish va uni qo'llash tartibi 1989 yil 21 oktyabrda qabul qilingan va 1995 yil 21 dekabrda o'zgartirish va qo'shimchalar kiritilgan "O'zbekiston Respublikasining davlat tili to'g'risida"gi qonuni bilan tartibga solinadi.

DEKLARATSIYA (lot. declaratio – ma'lum qilaman, e'lon qilaman) – alohida siyosiy-yuridik hujjatlarning ularga tantanali xususiyat berish, ularning tegishli davlat taqdiri uchun katta ahamiyatini ta'kidlash maqsadiga ega bo'lgan nomi. Normativ-huquqiy hujjat bo'lmish Deklaratsiyaning o'ziga xos jihati shundaki, ulardagi qoidalar o'ta umumiy, nomuayyan xususiyatga ega bo'lib, qo'shimcha ravishda qonun bilan tartibga solishni talab etadi.

Xalqaro huquqda tomonlar bilan kelishilgan qoidalar va maqsadlarni ifodalovchi tantanali hujjat. Majburiy xususiyatga ega emas. Odatga aylanganligi sababli davlatlar uchun majburiy bo'lib qolgan 1948 yilgi Inson huquqlari deklaratsiyasi bundan mustasno.

DEKRET (lot. decretum – qaror; to'xtam; ajrim) – oliy hokimiyat yoki boshqaruv organi chiqargan va qonun kuchiga ega bo'lgan qaror. Sobiq SSSRda 1936 yilgacha davlat hokimiyati oliy organlarining eng muhim hujjatlari "Dekret" nomi bilan atalgan

DEMOGRAFIYA (yun. demos – xalq, grapho – yozaman) – aholining joylashuvi va taraqqiyoti qonuniyatlarini o'rganuvchi ijtimoiy fanlardan biri. Aholi soninining o'zgarishi, uning bandligi, tabiiy ko'payishi va ko'chib yurishlari (migratsiya) ni o'rganish demografiyaning markaziy masalasi hisoblanadi.

DEMOKRATIYA (yun. demos – xalq, kratos – hokimiyat) – "xalq hokimiyati" ma'nosini anglatadi. Jamiyat taraqqiyotida davlatchilikning turli shakllari, binobarin, demokratiyaning ham turli tiplari yaratilgan. Insoniyat tarixida demokratiyaning boshlanish nuqtasi ham, tugash nuqtasi ham yo'q. Kishilik jamiyati paydo bo'lganidanoq, demokratiyaning kurtaklari paydo bo'lgan va hatto, eng taraqqiy etgan mamlakatlarda ham u o'zining so'nggi cho'qqisiga erishganicha yo'q. Demokratiyani bo'g'ish, unga rahna solish mumkin, lekin butunlay yo'q qilib bo'lmaydi. Har qanday davrning, har qanday jamiyatning va har qanday xalqning o'ziga xos demokratiyasi bo'ladi.

Demokratiyaning muhim xususiyati shundaki, unda xalq hokimiyati, ya'ni ozchilikning ko'pchilikka bo'ysunish qoidasi, rasmiy ravishda e'lon qilinadi hamda fuqarolarning erkinligi va teng huquqliligi e'tirof etiladi. Bu shartlar asosiy qonun – Konstitutsiyada aks ettiriladi.

DIPLOMATIK VAKOLATXONA –

o'zaro kelishuv asosida bir davlat

Osiyoning musulmon mamlakatlarida, SHimoliy Afrika va Ispaniyada muomalada bo'lgan pul birligi – kumush tanga. Misqolning (4,8 gr.) o'ndan yetti qismi, 3,36 gr. ga teng. kumush tanga. XIV asr oxiridan kumush pul "tanga" nomi bilan atala boshlangan. Bugungi kunda ham ba'zi bir arab mamlakatlarida pul birligi sifatida muomalada ishlatiladi.

DISKRIMINATSIYA (lot. discriminatio – ajratish) – ayrim shaxs, irq, tashkilot yoki davlatlarga nisbatan past nazar bilan qarash, huquqlarini atayin kamsitish.

DENONSATSIYA (fr. denoncer – e'lon, ma'lum qilmoq) – biror bir xalqaro shartnoma yoki davlatlararo kelishuvdan bir tomonlama voz kechish yoki uni mamlakat hududida bekor qilish.

DEPUTAT (lot. deputatus – elchi, vakil) – davlat hokimiyati vakillik organlarida ish olib boruvchi xalq vakili. U saylov yo'li bilan saylanib, xalqdan tegishli organlarda ish olib borish uchun vakolat oladi. Deputat ma'lum muddatga saylanadi. Respublikamizda Oliy Majlis va mahalliy kengashlarga deputatlar besh yil muddatga saylanadilar. Oliy Majlis deputatligiga 25 yoshga, mahaliy kengash deputatligiga 23 yoshga to'lgan O'zbekiston fuqarolari saylanadilar. Deputatlikka nomzodlar siyosiy partiyalar, vakillik hokimiyati organlari, fuqarolarning o'zini o'zi boshqarish organlaridan ko'rsatiladilar.

EMBARGO (isp. emdargo - xatga olish, taqiqlash) – 1) tinchlik yoki urush davrida muayyan davlat bilan aloqalarni (odatda tashqi iqtisodiy aloqlarni) yoki ushbu davlatga muayyan tovarlar eksport qilishni yoxud ushbu davlatdan ayrim tovarlarni import qilishni to'liq yoki qisman taqiqlash. Xalqaro amaliyotda biron-bir davlatga qurol yetkazib berishga embargo belgilash hollari ma'lum. BMT Ustavining 39 va 41-moddalariga binoan, BMT Xavfsizlik Kengashi tinchlikka nisbatan har qanday xavf mavjud bo'lganda yoki tinchlik buzilganda yoki hujum bo'lganda qurolli kuchlarni qo'llash bilan bog'liq bo'lmagan choralarni, jumladan, Embargoni (iqtisodiy munosabatlarni to'la yoki qisman uzishni) qo'llashga haqlidir. Bunday choralar boshqa xalqaro jinoyatlarni sodir etgan davlatlarga nisbatan ham qo'llanishi mumkin. Turli vaqtlarda JAR, Rodeziya, Liviya, Iroq, Yugoslaviyaga nisbatan embargo qo'llanilgan; 2) davlatning ushbu davlat bandargohlari va hududiy suv havzalaridan xorijiy kemalarning chiqishini taqiqlashi. Urush e'lon qilinganda, shuningdek, repressaliy sifatida va ba'zi bir hollarda qo'llaniladi; 3) bo'lg'usi raqib savdo kemalarini hibsga olish shaklida XIX asr o'rtalarigacha qo'llanilgan preventiv chora. Embargo urush boshlanganidan so'ng bunday kemalarni egallab olishni osonlashtirish maqsadida qo'llanilgan.

FEDERATSIYA (lot. foederare – ittifoq orqali boshqarmoq) – konstitutsiya yoki shartnomaga asoslangan davlatlar ittifoqi. Davlatning tuzilish jihatdan murakkab formasi bo'lib, uning qismlari (respublikalar, shtatlar, yerlar, o'lkalar, kantonlar va hokazolar) davlat hisoblanadi va ma'lum darajada ichki boshqaruvda suverenitetga ega bo'ladi.

Federatsiya tarkibiga kiruvchi davlat – federatsiya sub'ekti o'z konstitutsiyasi, fuqaroligiga, qonun chiqaruvchi, ijro etuvchi va sud hokimiyati kabi davlat hokimiyatining oliy organlariga ega bo'lishi mumkin.

FUQAROLIK – shaxsning biron bir davlatga huquqiy va qonuniy jihatdan tegishliligini bildiruvchi atama. Muayyan davlatning fuqarosi ushbu davlat hududidagi xorijiy fuqarolar va fuqaroligi bo'lmagan shaxslardan o'z huquqiy mavqeiga ko'ra farq qiladi. CHunonchi, Konstitutsiya va qonunlarda belgilangan siyosiy huquq va erkinliklar faqat fuqarolarga tegishlidir. Demak, shaxs fuqarolikni olishi bilan ushbu davlatdagi siyosiy huquqlardan foydalanish imkoniyatini ham oladi.

GLOBALLASHUV (lot. globus – yer shari) – aynan bu so'zni "dumaloqlashuv", "kurralashuv" deb tarjima qilish mumkin. Yer sharining, yer kurrasining fan-texnika yutuqlari tufayli insoniyat ixtiyoridagi xuddi bir butun sharga, kurraga aylanishini tushuntirish uchun ishlatiladi. Insoniyat taraqqiyoti ayni vaqtda ishlab chiqarish kuchlarining rivojlanishi jarayonidir. Bu jarayon asrdan asrga, ming-ming yillar davom etgan. Insoniyat jamiyati, ayniqsa, XVI-XX asrlarda XV asrgacha bo'lgan uch million yillik tarixida yaratilgan moddiy va ma'naviy boyliklarga nisbatan ko'proq ne'matlarni yaratdi.

Globallashuvning ijobiy tomoni shundaki, u xalqlarning davlatlarning, milliy madaniyat va iqtisodiyotlarning yaqinlashuvini tezlashtiradi, ularning rivojlanishi uchun yangi imkoniyatlar ochadi. Uning salbiy tomoni shundaki, ko'p ming-ming mayda, qoloq etnik guruhlar va millatlarning madaniyati, tili, rasm-rusumlari jahon bo'ylab kuchayib borayotgan globallashuv jarayonlarida katta millatlar yirik milliy madaniyatlar, boy tillar bilan raqobatlasha olmay o'z-o'zidan faol ijtimoiy-iqtisodiy, madaniy va ma'naviy hayotdan chetga chiqib qolmoqda. Bunday sharoitda har bir ongli fuqaroning vazifasi o'z millatining raqobatbardoshligini ko'rsatish, buning uchun uning faol siyosati, iqtisodiyoti, madaniyatida salmoqli yutuqlari uchun kurashishdir. Bugungi mustaqil O'zbekiston fuqarosi hozirgi zamon amaliyoti talab qilayotgan to'rt sifatga ega bo'lishi shart: 1) zamonaviy mutaxassis bo'lishi; 2) o'zbek davlat tili, rus tili, ingliz tillarini mukammal bilishi; 3) doim o'z bilim doirasini yangilab borishi; 4) tadbirkor-tashabbuskor bo'lishi.

GLOBAL MUAMMOLAR (fr. global – umumiy, lot. globus – yer shari) – bitta davlat yoki mintaqaninggina emas, balki butun yer yuzi, insoniyat hayoti va kelajagiga dahldor umumbashariy muammolar. Yer yuzida tinchlikni saqlash, termoyadro urushining oldini olish, atrof muhitni muhofaza qilish, yer iqlimi isishining oldini olish, yoqilg'i-energetikaning yangi turlarini yaratish, azon qatlamini muhofaza qilish, xalqaro terrorizmning oldini olish kabi muammolar hozirgi paytdagi eng dolzarb global muammolar hisoblanadi.

INTERPOL – Xalqaro Jinoyat politsiyasining qisqartirilgan nomi. Interpolni tashkil etish to'g'risidagi qaror 1914 yil Monakodagi konferentsiyada qabul qilingan edi. Uning birinchi ustavi 1923 yilda qabul qilinadi. 1972 yildan boshlab, Interpolning shtab-kvartirasi etib Parij belgilangan. Interpol jinoyatchilarni ro'yxatga olish xalqaro markazidir. SHuningdek, jinoyatlarning (gumon qilinuvchilarni, bedarak yo'qolgan shaxslarni, o'g'irlangan mollarni) xalqaro qidiruvini muvofiqlashtiradi. Hozirgi vaqtda 150 dan ortiq davlat Interpolning a'zosidir. O'zbekiston 1994 yil 15 avgustda ushbu tashkilotga a'zo bo'lgan.

INFLYATSIYA (lot. inflatio – bo'rtish, shishish, qappayish) – narx-navo umumiy darajasining oshishi, real tovarlar takliflariga nisbatan pul massasi ortib, pulning qadr-qimmati va xarid qobiliyatining pasayib ketishi. Iqtisodda vujudga keladigan muammolar pul bosib chiqarishni ko'paytirish orqali hal qilinsa yoki qog'oz pullar hajmi o'zgarmagan holda tovar hajmi kamaysa inflyatsiya yuz beradi.

INFRASTRUKTURA (lot. infra – quyi, structura – tuzilish, joylashuv) – xalq xo'jaligi faoliyatini ta'minlash uchun turli tuman xizmat ko'rsatuvchi tarmoqlar kompleksi: transport, aloqa, savdo, moddiy-texnika ta'minoti, suv bilan ta'minlash, fan, maorif, sog'liqni saqlash, atrof muhitni muhofaza qilish va boshqalarni o'z ichiga oladi. Asosiy ishlab chiqarish infrastrukturasi-elektr ta'minoti, transport, yo'l, ombor xo'jaligi va aloqa tarmoqlari hisoblanadi.

IQTISODIY HAMKORLIK TASHKILOTI – xalqaro iqtisodiy tashkilot. 1964 yili Eron, Pokiston, Turkiya hamkorligida "Mintaqaviy hamkorlikni rivojlantirish" nomi bilan tuzilgan. 70-yillarda ichki mintaqaviy savdo susayib ketganligi munosabati bilan o'z faoliyatini to'xtatgan. 1985 yilda "Iqtisodiy hamkorlik tashkiloti" nomi bilan qaytadan o'z faoliyatini boshlaydi. 1992 yil 28 noyabrda Islomobod shahrida a'zo davlatlar Tashqi ishlar vazirlarining yig'ilishida Afg'oniston, Ozarbayjon, O'zbekiston, Tojikiston, Qirg'iziston va Qozog'iston Respublikalari tashkilotga a'zo bo'lib kirdilar. Tashkilot idorasi Tehron shahrida joylashgan.

IKKI PALATALI PARLAMENT – umummilliy vakillik muassasasi parlamentning tuzilishi bo'lib, bunda parlament odatda, har xil tarzda shakllantiriladigan va turli vakolatlarga ega bo'lgan ikkita palatadan iborat bo'ladi.

Ikki palatali parlament hozirgi vaqtda federativ davlatlarda ham, unitar davlatlarda ham mavjud. Parlamentning quyi palatasi doimo aholi tomonidan bevosita saylanadi. Yuqori palata turli mamlakatlarda turli usulda shakllantiriladi. U ba'zi mamlakatlarda bevosita saylov yoki bilvosita saylov orqali shakllantirilsa, ba'zan meros bo'yicha shakllantiriladi, yohud ularning a'zolarini davlat rahbari taynlaydi. Bir qator hollarda yuqori palata aralash usulda shakllantiriladi: a'zolarining bir qismi saylanadi, bir qismi tayinlanadi. Ba'zi mamlakatlarda quyi palatadan farqli ravishda yuqori palata uchun vakolatlar muddati belgilanmagan, ularning tarkibi qismlab yangilanadi. Yuqori palata deputatligiga nomzodlarga, odatda, ancha jiddiy talablar (yuqoriroq yosh chegarasi va boshq.) qo'yiladi.

2002 yil 27 yanvarda O'zbekistonda ikki palatali parlament tizimiga o'tish bo'yicha umumxalq so'rovi – referendumi o'tkazildi. Referendumda ishtirok etgan fuqarolarning 93 % i ikki palatali parlament tizimini joriy qilishni yoqlab ovoz berdi.

2004 yil 26 dekabrda Oliy Majlisning quyi palatasi-Qonunchilik palatasi deputatligiga saylovlar, 2005 yil 17-20 yanvarda esa Oliy Majlis yuqori palatasi – Senatga saylovlar bo'lib o'tdi.

2005 yil 27 yanvarda O'zbekiston Respublikasi Oliy Majlis Qonunchilik palatasi va Oliy Majlis Senatining birinchi majlisi o'z ishini boshladi. O'zbekiston ikki palatali parlament tizimiga o'tdi.

INNOVATSIYA – yangilanish, yangilash. Fan-texnika yutuqlaridan samarali foydalanish natijasida moddiy va texnika ishlab chiqarishi sohasida yangiliklar yaratish va ularni hayot amaliyotiga joriy etish.

MAKRO VA MIKRO IQTISODIYOT – iqtisodiyotning turli darajalaridagi holatini tahlil qilishda ishlatiladigan tushuncha. Mikro iqtisodiyot bu ayrim korxona, xo'jalik yoki oila doirasidagi iqtisod. Makro iqtisodiyot butun jamiyat, umumdavlat va xalqaro miqyosdagi yoki milliy iqtisod, turli sohalar, tarmoqlar majmuidan iborat.

MALIK (ar. – ega, hukmron) – islomgacha bo'lgan arab davlatlarida hukmdorga yoki qabila ittifoqining boshliqlariga nisbatan qo'llanilgan. Islom vujudga kelishi bilan "Malik" atamasi musulmon bo'lmagan hukmdorlarga nisbatan qo'llanilgan. IX asr oxiriga kelib, Arab xalifaligi parchalanib ketgach, xalifalikdan mustaqil davlatlarning hukmdorlari Malik deb atala boshlandi.

ARALASHMASLIK QOIDASI – boshqa davlatlar yoki xalqlarning ichki ishlariga aralashmaslik to'g'risidagi qoida. Xalqaro huquqda tinchlikni saqlash va mustahkamlashning asosiy printsiplaridan biri.

BIRLASHGAN MILLATLAR TASHKILOTI (ing. United Nations Organization, UNO, UN) – davlatlar va xalqlar orasida hamkorlikni rivojlantirish hamda tinchlik va xavfsizlikni ta'minlash bo'yicha davlatlarning xalqaro uyushmasi 1945 yilda tuzilgan. BMT Nizomi tinch hayot kechirish xartiyasi (yorlig'i), xalqaro huquqning umum e'tirof etilgan kodeksi sifatida tan olingan. BMT Nizomining 1-moddasida quyidagi ustuvor yo'nalishlar ilgari surilgan: xalqaro tinchlik va havfsizlikni ta'minlash, tinchlikka xavf va bosqinchilikka qarshi samarali jamoaviy chora-tadbirlarni amalga oshirish, tinchlikning buzilishiga olib kelishi mumkin bo'lgan xalqaro baxslarni tinch yo'l bilan, adolat tamoyillariga amal qilgan holda hal etilishiga harakat qilish.

BMTga a'zolik har bir tinchliksevar va BMT Nizomida aks ettirilgan majburiyatlarni o'z zimmasiga olishga qodir davlatlar uchun ochiq. 1992 yil 2 mart kuni O'zbekiston Respublikasi xalqaro munosabatlarning teng huquqli a'zosi sifatida bir ovozdan BMTga qabul qilindi.

BIR PALATALI PARLAMENT – palatalarga bo'linishni istisno etuvchi umumxalq vakillik tashkilotlari – parlamentlar tuzilishi. Dunyo mamlakatlarining ko'pchiligi (60 % ga yaqini) bir palatali parlament tizimga ega. O'zbekiston Respublikasi Oliy Kengashi (1990-1994 yillarda) va Oliy Majlisi 1995-2004 yillar mobaynida bir palatali parlament shaklida faoliyat ko'rsatgan edi.

HUDUDIY YaXLITLIK – biror davlat, mamlakat hududlarining bir butunligi, yaxlitligi; xalqaro huquqlarning zo'rlik bilan hududni parchalash yoki uning hududiy qismini bosib olishini ta'qiqlovchi printsiplaridan (tamoyillaridan) biri. Har bir davlat o'z hududining yaxlitligini muhofaza qilishga qaratilgan chora-tadbirlar ko'rish huquqiga ega.

HUDUDIY QO'SHNICHILIK JAMOASI – xo'jalikning ilg'or shakllariga o'tilishi, ortiqcha maxsulotning paydo bo'lishi va mehnat taqsimotining yuzaga kelishi oqibatida jamiyatda mulkiy tengsizlik paydo bo'lgach, urug'chilik jamoasi o'rnida vujudga kelgan jamoa. Hududiy qo'shnichilik jamoasining belgilaridan biri shuki, unda aholi bir necha guruhlarga (zodagonlar, harbiylar, ziroatchilar, chorvadorlar, hunarmandlar) bo'linib ketadi va o'zlariga xos hayot tarziga ega bo'ladilar.

EL – bu atama eng qadimgi turkiy so'zlardan hisoblanadi. El, avvalo, bir joyning odamlari ma'nosini bildiradi; Xorazm eli, Qoshqar eli. Bir qabilaga mansub kishilarga qo'llaniladi; qipchoq eli, mang'it eli. El so'zi ba'zan xalq, millat ma'nolarida ham ishlatiladi. XX asr boshlarida "El bayrog'i" gazetasi ham chiqqan. Yurt, mamlakat ma'nolarida ham qo'llaniladi. Masalan, qozoq eli deganda qozoq xalqini ham, Qozog'iston Respublikasini ham tushunishimiz mumkin. Yoki bo'lmasa, chet ellar deganda, xorijiy xalqlarni ham, xorijiy mamlaktlarni ham anglash mumkin.

El iborasida, shuningdek, ittifoq, totuvlik, ahillik ma'nolari ham bor. El yovning ziddidir. "El bo'ldi", deganda do'stlashdi, birlashdi ma'nosi anglashiladi. Elning ana shu ma'nosidan elat atamasi kelib chiqqan.

IPOTEKA (yun. hypotheke – garov) – ssuda, qarz olish maqsadida ko'chmas mulk (er, imorat)ni garovga qo'yish. Qishloq xo'jaligida va sanoatda tadbirkorlikni qo'llab-quvvatlash maqsadida maxsus ipoteka banklari tashkil etiladi.

IRQ (ar. – ildiz, tomir) – Homo sapiens (aql idrokli) odam ichidagi sistematik guruhlar. Odamlarning kelib chiqishi, gavda tuzilishi, terisining rangi va qiyofasi o'xshash bo'lgan tarixan tarkib topgan hududiy birligidir. Jahondagi barcha xalqlar uch katta irqqa bo'linadi: yevropoid, mongoloid va negroid. Odam irqlari bundan 40-35 ming yil oldin shakllangan.

JAMOAT BIRLASHMALARI – O'zbekiston Respublikasi Konstitutsiyasining 56-moddasiga binoan, qonunda belgilangan tartibda ro'yxatdan o'tkazilgan kasaba uyushmalari, siyosiy partiyalar, olimlarning jamiyatlari, xotin-qizlar, faxriylar va yoshlar tashkilotlari, ijodiy uyushmalar, ommaviy harakatlar va fuqarolarning boshqa uyushmalari. Jamoat birlashmalari haqidagi konstitutsiyaviy qoidalar O'zbekiston Respublikasining 1991 yil 15 noyabrdagi "O'zbekiston Respublikasida jamoat birlashmalari to'g'risida"gi qonunda rivojlantirilib, uning 1-moddasida Jamoat birlashmalari deb, o'z huquqlari, erkinliklarini hamda siyosat, iqtisodiyot, ijtimoiy rivojlanish, fan, madaniyat, ekologiya va hayotning boshqa sohalaridagi qonuniy manfaatlarini birgalikda ro'yobga chiqarish uchun birlashgan fuqarolarning xohish-irodalarini erkin bildirishlari natijasida vujudga kelgan ixtiyoriy tuzilmaga aytiladi.

Fuqarolik kodeksining 74-moddasiga binoan, jamoat birlashmalari o'z ustavlarida nazarda tutilgan ishlab chiqarish yoki o'zga tadbirkorlik faoliyatini amalga oshirishga haqli bo'lgan notijorat tashkilotlardir.

KOMMUNIKTSIYA (lot. communicatio – habar, aloqa, yo'l) – hududlarni o'zaro ijtimoiy-iqtisodiy va madaniy yaqinlashtirishga xizmat qiluvchi aloqa tarmoqlari (mas. elektr, neft-gaz, vodaprovod, temir yo'l, telefon, internet tarmoqlari)

KOMPARTIYA (KOMFIRQA) – Sobiq SHo'rolar davlatida ijtimoiy, siyosiy, madaniy, g'oyaviy va mavkuraviy hayotning barcha sohalarini o'z iskanjasiga olgan partiya. Bu partiya 1898-1917 yillarda RSDRP, 1917-1918 yillarda RSDRP (b), 1918-1925 yillarda RKP (b), 1925-1952 yillarda VKP (b), 1952-1991 yillarda KPSS deb qisqartma nomlar bilan yuritilgan

KONGRESS (lot. congressus – uchrashuv, majlis) – 1) odatda xalqaro miqyosda o'tkaziladigan qurultoy, kengash; 2) ayrim davlatlarda parlament nomi; 3) ayrim xalqaro tashkilotlarning oliy organi.

MARKETING (ing. market – bozor, sotish, ayrboshlash) – firma (korxona) ishini bozor sharoitiga moslashtirishga qaratilgan maxsus faoliyatdir. Marketing ishi bozorni o'rganish, narxlarni shakllantirish, bozor talablariga monand ravishda tovarlarni ishlab chiqarish, ularni vaqtida bozorga yetkazish, reklama qilish va xaridorlarga xizmat ko'rsatishni o'z ichiga oladi.

MATBUOT ERKINLIGI – fuqarolarning Konstitutsiyada belgilab qo'yilgan siyosiy huquqlaridan biri bo'lib, Matbuot erkinligi birinchi bo'lib 1789 yilgi Frantsuz inqilobida fuqaro va insonlarning huquqlari Deklaratsiyasida e'lon qilingan edi. Matbuot erkinligi har qanday matbuot turlarini (gazeta, jurnal va hokazo) erkin nashr qilish va tarqatishni ko'zda tutadi.

"MA'NAVIYAT VA MA'RIFAT" MARKAZI – Respublikamizda madaniyat-ma'rifat ishini olib boruvchi jamoatchilik tashkiloti. 1994 yil 23 aprelda O'zbekiston Respublikasi Prezidentining "Respublika "Ma'naviyat va ma'rifat" jamoatchilik markazini tashkil etish to'g'risida"gi farmoni bilan tashkil etilgan. 1999 yilda "Ma'anaviyat va ma'rifat" markazi ishiga bevosita rahbarlik qilish uchun Qoraqalpog'iston Respublikasi va viloyatlar, Toshkent shahar va boshqa shahar va tumanlarda bo'limlari bo'lgan Respublika Ma'naviyat va ma'rifat Kengashi tashkil etildi. Oliy organi – konferentsiya. Asosiy shiori – "Jaholatga qarshi ma'rifat". Ma'naviyat va ma'rifat Kengashining nashri sifatida "Tafakkur", "Jahon adabiyoti" jurnallari chop etladi, "Ma'naviyat" nashriyoti, "Oltin meros" xalqaro xayriya jamg'armasi faoliyat yuritadi.

MA'RIFAT – kishilarning ongini, bilimini, dunyoqarashini va madaniyatini oshirishga qaratilgan ta'lim tarbiya. Ma'naviyat tabiat, jamiyat va inson mohiyati haqidagi turli bilimlar, ma'lumotlar majmuasini ham bildiradi.

MAHALLIY DAVLAT HOKIMIYATI ORGANLARI – Viloyatlar, tumanlar va shaharlarda (tumanga bo'ysunadigan shaharlardan, shuningdek shahar tarkibiga kiruvchi tumanlardan tashqari) hokimlar boshchilik qiladigan xalq deputatlari kengashlari. Ular davlat va fuqarolarning manfaatlarini ko'zlab o'z vakolatlariga taalluqli masalalarni hal etadilar. Mahalliy davlat hokimiyati organlarining vakolatlari doirasi O'zbekiston Respublikasi Konstitutsiyasining XXI bobida va 1993 yil 2 sentyabrda qabul qilingan "Mahalliy davlat hokimiyati to'g'risida" gi qonunda belgilab berilgan.

OMBUDSMAN (shved. – kimningdir manfaatini ifodalovchi) – inson huquqlarining amal qilishini nazorat qiluvchi muassasalarning xalqaro yuridik atamashunoslikdagi nomi. Ombudsman ayrim mamlakatlarda saylanadigan, ayrim mamlakatlarda tayinlanadigan shaxs bo'lib, u inson huquqlariga amal qilishni nazorat qiladi. Agar prokuratura organlari inson huquqlariga amal qilishni faqat qonun asosida nazorat qilsa, Ombudsmanlar bu masalani maqsadga muvofiqlik, vijdonlilik, adolat nuqtai nazaridan nazorat qiladi.

Aksariyat mamlakatlarda Ombudsmanlarga har qanday fuqarolar bevosita murojaat qilishlari mumkin. Ular huquq va erkinliklar buzilishini aniqlasa, tegishli idoralarga huquq va erkinliklarni tiklash haqida taklif kiritadi. Ombudsmanlarning taklif va tavsiyalari tegishli organlar tomonidan bajarilmasa, rad etilsa, ular sud organlariga yoki parlamentga murojaat qilishlari mumkin.

Ombudsman instituti ilk bor 1809 yilda

SHvetsiyada joriy qilingan bo'lib, O'zbekistonda Ombudsman (Oliy Majlis huzuridagi inson huquqlari bo'yicha Vakil Instituti deb yuritiladi) 1995 yil 24 fevralda tashkil etildi. "Inson huquqlari bo'yicha Oliy Majlis vakili – Ombudsman to'g'risida"gi qonun esa 1997 yil 25 aprelda qabul qilingan.

OMMAVIY MULK – O'zbekiston Respublikasi qonunlarida tan olingan ikki mulk shaklidan biri. O'zbekiston Respublikasi Fuqarolik kodeksining 167-moddasida "O'zbekiston Respublikasida mulk xususiy mulk va ommaviy mulk shakllarida bo'ladi" deyilgan.

O'zbekiston Respublikasi Fuqarolik kodeksining 213-moddasiga binoan Respublika mulki va ma'muriy-hududiy tuzilmalar mulkidan (munitsipial mulk) iborat bo'lgan davlat mulki ommaviy mulk hisoblanadi.

OPPOZITSIYA (lot. oppositio – qarshisiga qo'yish, taqqoslab ko'rish) – nimagadir yoki kimgadir qarshi harakat. Siyosatda: 1) O'z siyosatini boshqa, odatda, rasmiy siyosatga qarshi qo'yish; 2) Qonun chiqaruvchi, mafkuraviy yoki boshqa tizimlardagi hukmron yoki ko'pchilik tan olgan fikrga qarshi chiqish. Oppozitsiyaning quyidagi turlari mavjud: mo''tadil, radikal, loyal (kelishuvga va hokimiyatni qo'llab-quvvatlashga tayyor), konstruktiv (sermazmun, ishbilarmon takliflarni ifodalovchi), destruktiv (qo'poruvchi).

OSIYO PULI – tegirmon puli ham

deyilgan. Buxoro amirligida har bir suv tegirmonidan yiliga 20 tangadan 100 tangagacha bo'lgan miqdorda olinadigan soliq.

OSIYO TARAQQIYOT BANKI (OTB) – xalqaro mintaqaviy bank. 1966 yilda tashkil topgan. Bank faoliyatining asosiy maqsadi Osiyodagi rivojlanayotgan mamlakatlar iqtisodiy taraqqiyotiga va tashqi savdosiga ko'maklashish, moliyaviy, texnik va iqtisodiy yordam ko'rsatish. Bankning har qanday qarorini hamkorlikda 1/3 ovozga ega bo'lgan AQSH va Yaponiya to'xtatib qo'yishi mumkin. SHtab kvartirasi Filippin poytaxti Manila shahrida joylashgan.

O'zbekiston ushbu bankka 1995 yilning 31 avgustida a'zo bo'lgan.

OSIYO (ar. – isyon qiluvchi, itoatsiz, gunohkor) – diniy aqidaga ko'ra, Ollohning buyruqlari, payg'ambarning sunnat va ko'rsatmalariga rioya qilmaydigan, buyurilgan vazifalarni bajarish o'rniga butunlay yoki qisman inkor etadigan, shar'an ta'qiqlangan ishlarni qiladigan shaxs.

MAHALLIY O'ZINI O'ZI BOSHQARISH VAKILLIK ORGANLARI – mahalliy o'zini o'zi boshqarishni tashkil etishda saylov orqali tashkil etiladigan organ. O'zbekiston Respublikasining 1999 yil 14 aprelda qabul qilingan "Fuqarolarning o'zini-o'zi boshqarish organlari to'g'risida" gi qonunning 9-moddasiga asosan, fuqarolar yig'ini-fuqarolar o'zini o'zi boshqarishning yuqori organi bo'lib, aholi manfaatlarini ifodalash va uning nomidan tegishli hududda amal qiluvchi qarorlar qabul qilish huquqiga egadir. Fuqarolar yig'inida o'n sakkiz yoshga to'lgan hamda shahar, qishloq, ovul va mahalla hududida doimiy

MELIORATSIYA (lot. melioratio – yaxshilash) – yerlarning zaxini qochirish, sho'rlanishdan asrash, botqoqliklarni quritish, suv ta'minotini yaxshilash, ko'chma qumlarni ekin maydonlariga kirib kelishining oldini olish maqsadida amalga oshiriladigan chora-tadbirlar tizimi.

MANIFEST (lot. manifestus – ochiq, oshkora) – 1) Hukumat yoki davlat rahbarining juda muhim voqea munosabati bilan xalqqa qilgan yozma murojaati; 2) Biror partiyaning dastur (programma) tarzidagi yozma murojaati, deklaratsiyasi.

MILLAT – ishlab chiqarish munosabatlarining rivojlanib borishi, iqtisodiy va madaniy aloqalarning kuchayishi bilan elatlar va xalqlar millatga aylanadi. Millat kishilar uyushuvining eng oliy formasi bo'lib, u kishilarning madaniy va psixologik ongi (mentaliteti) bilan ajralib turadigan shaklidir.

Millat bilan xalq ta'rifiga qo'yilgan talablar tashqaridan qaraganda bir-birlariga o'xshash ko'rinsada, ammo, mohiyat jihatidan ular bir ma'noni anglatmaydi.

Birinchidan, xalq uzil-kesil shakllangan feodalizm jamiyatining ijtimoiy mahsuli, millat esa kapitalistik jamiyatning ijtimoiy mahsulidir. Ikkinchidan, xalqni uyushtiruvchi etnik omillardan hududiy birlik chegaralari tarix taqozasiga ko'ra, o'zgaruvchanlik xususiyatiga ega bo'ladi. Ammo, millat davlat chegaralari qat'iy, mutlaqo dahlsiz, jahon jamoatchilik tashkilotlari tomonidan tan olingan. Uchinchidan, xalq shakllangan paytda hamma vaqt ham uning etnik nomi bo'lavermaydi, xalq millat darajasiga ko'tarilganda esa uning etnik nomi bo'lishi shart. Masalan, o'zbek xalqi nomi uning elat sifatida shakllanib bo'lgandan ancha keyin paydo bo'ldi. To'rtinchidan, xalqning siyosiy uyushmasi-davlat tarix taqozasiga ko'ra, hamma vaqt ham etnos nomi bilan atalaverilmaydi, ammo xalq millatga aylanganda, davlat nomi millat nomi bilan yuritilishi shart. Beshinchidan, etnosning xalq darajasida o'zlikni anglash, milliy g'urur, vatan fidoiysi bo'lish, o'z xalqidan fahrlanish hissi o'sha davr jamiyati tartib-qoidalariga ko'ra, ko'pchillikda bir xil, yuksak darajada bo'lavermaydi. Ammo xalq millat darajasiga ko'tarilganda bu sifatlar yuksak darajada bo'ladi. Oltinchidan, etnosning til birligi elatning xalq darajasida hamma vaqt ham davlat maqomini olavermaydi, xalq millat darajasiga chiqqanda uning tili, albatta, davlat maqomini olishi shart. Millat o'zining tili uchun qayg'uradi va uni himoya qiladi, uning adabiy tili tarkibiga har qanday chet so'zlarni tiqishtiravermaydi. Millat vakili har joyda o'z ona tilida gapiradi. Yettinchidan, mentalitet etnosning xalq darajasida emas, balki millat darajasida shakllanadi va nihoyat, sakkizinchidan, millat uzil-kesil shakllanganda davlat jamiyat tomonidan boshqariladi, ya'ni davlat xalq xizmatchisi, barcha sohalarda millat talabi va xohish irodasini bajaruvchi mexanizmga aylanadi.

MILLIY VALYUTA – mamlakatimiz hududida barcha tovar va xizmatlar uchun narxlarni ifodalash vazifasini o'tovchi va qonuniy himoyalangan yagona to'lov vositasi.

1994 yil 1 iyuldan boshlab, O'zbekiston hududida yagona to'lov vositasi sifatida "so'm" muomalaga kiritildi.

O'zbekistonning o'z milliy valyutasiga ega bo'lishi va "so'm" tizimining iqtisodiyotning barcha sohalariga kiritilishi-mustaqilligimizning muhim ko'rsatkichlaridan biri bo'ldi. Har qanday milliy volyutada kuzatiladigan inflyatsiya bizning valyutamizda ham kuzatilsa-da, bu iqtisodiy me'yorlar darajasida bo'lib, hatto bu jahonning ko'pchilik mamlakatlarida kuzatiladigan inflyatsiya darajasidan ancha kam hisoblanadi. Bu esa O'zbekiston hukumati iqtisodiy islohotlari samaradorligining muhim ko'rsatkichidir.

MILLIY MADANIY MARKAZLAR – O'zbekistonda yashovchi muayyan bir millat vakillarining milliy madaniy ehtiyojlarini qondirishga xizmat etuvchi jamoat tashkilotlari. Milliy madaniy markazlar muayyan millatga xos bo'lgan madaniyat, til, urf-odat, an'analar va taomillarni o'rganish, saqlab qolish va rivojlantirishdan manfaatdor bo'lgan O'zbekiston Respublikasi fuqarolarini ixtiyoriy ravishda birlashtiradi.

O'zbekistonda 1992 yil milliy madaniy markazlar soni 10 tani tashkil etgan bo'lsa, 1995 yilda ular soni 72 taga, 2003 yilga kelib esa, 135 taga yetdi.

MILLIY G'OYA – muayyan millat hayotiga mazmun baxsh etadigan, uni ezgu maqsad sari yetaklaydigan fikrlar majmui. U millatning o'tmishi, buguni va kelajagini o'zida mujassamlashtiradi, uning tub manfaatlari va maqsadlarini o'zida ifodalaydi.

MISSIONERLIK, tabshir, mubashshirlik – biror dinga e'tiqod qiluvchi xalqlar orasida boshqa bir dinni targ'ib qilish. Missionerlik, asosan, xristian diniga xos bo'lib, IV asrda paydo bo'lgan. Missionerlik faoliyati oqibatida O'rta Osiyo hududida ham ilk o'rta asrlar (V-VIII a.)da xristianlik keng yoyilgan.

O'zbekiston Respublikasining 1998 yil 30 aprelda qabul qilingan yangi tahrirdagi "Vijdon erkinligi va diniy tashkilotlar to'g'risida"gi qonunning 5-moddasiga ko'ra O'zbekistonda har qanday missionerlik faoliyati man etiladi.

MISSIYA (lot. missio – jo'natmoq) – 1) muayyan topshiriq bilan boshqa mamlakatga yuborilgan vakillar; 2) bir davlatning boshqa davlatdagi (elchixonasidan farqli ravishda) vakili tomonidan boshqariladigan doimiy diplomatik vakolatxonasi.

MISQOL – qadimgi og'irlik o'lchov birligi. SHarq mamlakatlarida qimmatbaho buyumlarning og'irligi misqol bilan o'lchangan. 1 misqolning og'irligi 100 dona arpa (yoki bug'doy) doni og'irligiga tenglashtirilgan. Bu taxminan 4,8 grammga to'g'ri keladi.

MUSTAQIL DAVLATLAR HAMDO'STLIGI – sobiq SSSRning uchta respublikasi RSFSR, Belorus va Ukraina vakillari tomonidan 1991 yil 8 dekabrda Minskda imzolangan MDHni tashkil etish haqidagi Bitim, 1991 yil 21 dekabrda (Boltiq bo'yi respublikalari va Gruziyadan tashqari) 11 sobiq Ittifoq respublikalari tomonidan Almatida imzolangan Bitimga Protokol va shu sanada imzolangan Almati Deklaratsiyasi asosida tashkil qilingan davlatlararo ixtiyoriy birlashma. 1993 yil 22 yanvarda Minskda qabul qilingan MDH Ustavi O'zbekiston Oliy Kengashi tomonidan o'sha yili ratifikatsiya qilingan. Ustavga binoan Hamdo'stlik maqsadi xalqlar va davlatlarning siyosat, iqtisodiyot, madaniyat, ta'lim, sog'liqni saqlash, atrof-muhitni muhofaza qilish, fan, texnika, savdo-sotiq, insonparvarlik va boshqa sohalardagi teng huquqli va o'zaro foydali hamkorlik qilish, keng axborot almashinuvi, o'zaro majburiyatlarni vijdonan va so'zsiz bajarishdan iborat.

"MUSTAQILLIK DEKLARATSIYASI" – O'zbekiston Respublikasining Davlat mustaqilligi haqidagi dastlabki huquqiy hujjatlardan biri. "Mustaqillik deklaratsiyasi" 1990 yil 20 iyunda O'zbekiston Oliy Kengashining II sessiyasida qabul qilingan bo'lib, 12 banddan iborat ushbu tarixiy xujjatda o'zbek xalqining davlat qurilishi tarixi, tajribasi, har bir millatning o'z taqdirini o'zi belgilash huquqi asosida davlat mustaqilligi ilk bor e'lon qilingan edi.

"MUSTAQILLIK" ORDENI – O'zbekiston Respublikasining davlat mukofotlaridan biri. Bu orden bilan O'zbekiston Respublikasi fuqarolari mustaqil huquqiy davlat barpo etish va uni mustahkamlashga, respublikada tinchlik va taraqqiyotni ta'minlashga qo'shgan ulkan hissalari uchun mukofotlanadilar. Ayrim xollarda O'zbekiston Respublikasi fuqarolari bo'lmagan shaxslar ham mukofotlanishi mumkin. 1994 yil 5 mayda O'zbekiston Respublikasi qonuni bilan ta'sis etilgan. Bu orden bilan marhum adiblar Abdulla Qodiriy (1994), CHo'lpon (1999), O'zbekiston Respublikasi Prezidenti Islom Karimov (1996) mukofotlangan.

RESPUBLIKA (lot. res – ish, publicus –

xalq, jamoatchilik) – davlat boshqarish usullaridan biri bo'lib, bunda davlat hokimiyati organlari xalq tomonidan saylab qo'yish orqali shakllantiriladi. Hozirgi vaqtda dunyoda mavjud 230 ga yaqin davlatlarning yarmidan ortig'i respublika shaklida boshqariladi. Boshqaruvning respublika shakli quyidagi turlarga ajratiladi: 1) Prezidentlik respublikasi, bunda prezident umumxalq saylovida saylanib, bir vaqtning o'zida davlat va ijro etuvchi hokimiyat boshlig'i hisoblanadi; 2) Parlamentar respublika, bunda parlament to'liq hokimiyatga ega bo'lib, u prezidentni saylaydi, uning oldida hukumat siyosiy javobgar hisoblanadi. Prezident faqat davlat boshlig'i bo'lib, ijro etuvchi hokimiyat boshlig'i hisoblanmaydi; 3) aralash tipdagi respublika, bunda prezidentlik respublikasi bilan parlamentar respublika xususiyatlari qo'shilib ketadi. Ya'ni prezident umumxalq saylovlarida saylanib, yuridik va real keng vakolatlarga ega bo'ladi. Biroq hukumat parlament tomonidan tashkil etiladi va nafaqat prezident oldida balki parlament oldida ham javobgar bo'ladi.

O'zbekiston Respublikasi – suveren demokratik respublika bo'lib, mamlakatimizda prezidentlik respublikasi boshqaruvi shakli amal qiladi.

REFERENDUM (lot. referendum – e'lon qilinishi lozim bo'lgan xabar) – jamiyatni demokratik boshqarish jarayonida qo'llaniladigan tadbirlardan biri, ba'zi muhim masalalarni umumxalq ovoziga, umumxalq so'roviga, xalq muhokamasiga qo'yib hal etish. Referendumning o'ziga xos jihati referendum asosida qabul qilingan qaror faqat referendum o'tkazish yo'li bilan bekor qilinishi mumkin.

O'zbekiston Respublikasida referendum o'tkazishning huquqiy asoslari yaratilgan bo'lib, u 1991 yil 18 noyabrda qabul qilingan "O'zbekiston Respublikasining Referendumi to'g'risida"gi qonuni bilan mustahkamlangan.

O'zbekiston Respublikasida referendum ilk bor 1991 yil 29 dekabrda "Davlat mustaqilligini ma'qullaysizmi?", ikkinchi marotaba esa 1995 yil 26 martda "O'zbekiston Respublikasi Prezidentining vakolatini 1997 yildan to 2000 yilga qadar uzaytirishga rozimisiz?" va 2002 yil 27 yanvarda "Siz kelgusi chaqiriq O'zbekiston Respublikasi Parlamenti ikki palatali qilib belgilanishiga rozimisiz?", hamda "Siz O'zbekiston Respublikasi Prezidenti vakolat muddati 5 yildan 7 yil qilib o'zgartirilishiga rozimisiz?" kabi mavzularda umumxalq referendumlari o'tkazilgan.

SAYLOV OKRUGI – davlat boshlig'i yoki hokimiyatning vakillik organlariga saylov o'tkazish uchun tuziladigan aholi hududiy tashkilotining asosiy bo'g'ini.

O'zbekiston Respublikasi saylov qonunchiligiga binoan saylov okrugini saylov kuni belgilanganidan so'ng Markaziy saylov komissiyasi tuzadi. O'zbekiston Respublikasi Oliy Majlisining qonunchilik palatasiga saylov o'tkazish uchun 120 ta saylov okrugi tuziladi. Xalq deputatlari viloyat va Toshkent shahar Kengashlariga deputatlar saylashda 60 tadan ko'p bo'lmagan, xalq deputatlari tuman va shahar Kengashlariga 30 tadan ko'p bo'lmagan hududiy saylov okruglari tuziladi. Har bir saylov okrugidan vakillik organlariga bitta deputat saylanadi. Saylov okruglarining chegaralari viloyatlar, tumanlar va shaharlarning ma'muriy-hududiy tuzilishini inobatga olgan holda belgilanadi.

SAYLOV UCHASTKASI – O'zbekiston Respublikasida saylovda ovoz berish va ovozlarni hisoblash uchun tashkil etiladigan hududiy birlik va bino. O'zbekiston Respublikasining saylov qonunlariga binoan saylov uchastkalari tumanlar, shaharlar, shaharlardagi tumanlarning chegaralarini inobatga olgan holda, saylovchilarga mumkin qadar ko'proq qulaylik yaratish maqsadida tashkil qilinadi. Saylov uchastkalari qoida tariqasida, kamida 20 nafar va ko'pi bilan 3 ming nafar saylovchi yashaydigan hududda, okrug saylov komissiyasi tomonidan saylovga kamida 60 kun qolganda tuziladi. Saylov uchastkalari harbiy qismlarda, O'zbekiston Respublikasining xorijiy davlat vakolatxonalarida, shuningdek, olis va borish qiyin bo'lgan hududlarda ham tuziladi.

SAYLOV TIZIMI – 1) davlat saylov organlarini (avvalo, vakillik organini) shakllantirish tartibi. Saylov tizimi – davlat siyosiy tizimining muhim elementi, u huquqiy normalar bilan tartibga solinadi, ularning yig'indisi saylov huquqini tashkil etadi. Saylov tizimi quyidagilarni o'z ichiga oladi: a) saylovchi organlarni shakllantirishda qatnashish sharti va tamoyillari (Q.: *aktiv saylov huquqi, passiv saylov huquqi*); b) saylovlarni tashkil etish va o'tkazish tartibi; v) O'zbekiston va ba'zi mamlakatlarda saylangan shaxslarni chaqirib olish. Quyidagilar saylov tizimining konstitutsiyaviy tamoyili hisoblanadi: yashirin ovoz berish asosida umumiy, to'g'ri va teng saylash huquqi; saylov oldi tashviqoti erkinligi, saylov kompaniyasini o'tkazishda nomzodlar teng huquqliligi. 2) ovoz berish natijalari belgilangandan keyin saylov organlarida joylarni taqsimlash tizimi. Ikki asosiy saylov tizimi ma'lum: majoritar va proportsional, shuningdek, aralash saylov tizimi ma'lum.

SAMARQAND – qadimiy shaharlardan biri. Uzoq va buyuk o'tmishga ega shahar bo'lganligi sababli o'rta asrlarda SHarqda ommalashib ketgan maqollardan birida "G'arbda Rim, SHarqda Samarqand" iborasi keng tarqalgan. Bu ikki shahar insoniyat taqdiridagi buyuk xazmatlarini nazarda tutib "Boqiy shahar" nomini olganlar. Xalq iborasi "Samarqand sayqali ro'yi zaminast" bejiz aytilmagan.

Samarqand so'zining kelib chiqishi to'g'risida bir qancha taxminlar bor. SHarq mualliflari "Samarqand" so'zining birinchi qismi "Samar"ni shu shaharga asos solgan kishining nomi deb hisoblab, bir qancha rivoyatlarni keltiradilar. Biroq tarixda bunday ismli kishi to'g'risida ma'lumotlar aniqlanmagan. So'zning ikkinchi qismi "kent"(qand) – qishloq, shahar degan ma'noni beradi. Ba'zi yevropalik olimlar bu nom qadimgi sanskritcha "Samariya"ga yaqin, ya'ni "yig'ilish, yig'in" so'zidan kelib chiqqan deb izohlaydilar. Antik mualliflarning asarlarida shahar Maroqanda deb atalgan. Abu Rayxon Beruniy va Mahmud Qoshg'ariy shahar nomining kelib chiqishini "Semizkent", ya'ni "semiz qishloq" so'zining buzib talaffuz qilinishi deb yozadilar.

Samarqand qadimiy shahar sifatida 2750 yillik tarixga ega. U mil.avv. IV asrdan milodiy VI asrga qadar Sug'dning poytaxti bo'lgan.

OLIY MAJLIS – O'zbekiston Respublikasining Oliy Qonun chiqaruvchi organi.

Oliy Majlis 1992 yil 8 dekabrda qabul qilingan O'zbekiston Respublikasi Konstitutsiyasi asosida joriy etilgan bo'lib, unga birinchi saylovlar 1994 yil 25 dekabrda o'tkazilgan edi.

O'zbekiston Respublikasi Oliy Majlisi ikki palata – Qonunchilik palatasi va Senatdan iborat. Ularning vakolat muddati 5 yil.

Oliy Majlisning Qonunchilik palatasi xududiy saylov okruglari bo'yicha ko'ppartiyaviylik asosida saylanadigan 120 deputatdan iborat. Oliy Majlis Senati a'zolari 100 nafar bo'lib, ular Qoraqalpog'iston Respublikasi Jo'qorg'i Kengesi, viloyatlar, tumanlar va shaharlar davlat hokimiyati vakillik organlari deputatlarining tegishli qo'shma majlisida deputatlar orasidan Qoraqalpog'iston Respublikasi, viloyatlar va Toshkent shahridan teng miqdorda 6 kishidan saylanadi. Senatning qolgan 16 nafar a'zosi fan, san'at, adabiyot, ishlab chiqarish sohasida katta amaliy tajribaga ega bo'lgan hamda alohida xizmat ko'rsatgan eng obro'li fuqarolar orasidan O'zbekiston Respublikasi Prezidenti tomonidan ko'rsatiladi.

Oliy Majlis Qonunchilik Palatasi va Senatining mutlaq vakolatlari O'zbekiston Respublikasi Konstitutsiyasining XVIII-bob, 76-88-moddalarida belgilab berilgan.

QAYTA QURISH – XX asrning 80-yillari o'rtalarida keng iste'molga kirgan tushuncha; SSSRda totalitar tizimni isloh qilish yo'li bilan o'zgartirishga qaratilgan harakat. Qayta qurish siyosatining maqsadi va vazifasi mamlakatda to'planib qolgan ijtimoiy-siyosiy, iqtisodiy, madaniy va mafkuraviy sohalardagi muammolarni "qayta qurish" yo'li bilan hal etishdan iborat bo'lgan. M.S.Gorbachev boshchiligida KPSS rahbariyatining bir qismi tomonidan boshlangan bu siyosat mamlakat hayoti va umuman, jahonda ma'lum o'zgarishlarga sabab bo'ldi (oshkoralik, siyosiy plyuralizm, "sovuq urush"ning tugashi, Germaniyaning birlashuvi va b.). Qayta qurishni amalga oshirishdagi qarama-qarshilik va noizchilliklar natijasida 80-yillarning oxiri 90-yillarning boshidan mamlakat hayotining barcha sohalarida bo'htonlar kuchayib ketdi.

Qayta qurish sobiq SSSRda to'planib qolgan muammolarni to'la hal etishga xizmat qilmadi. Mustaqillik, demokratiya va erkinlik g'oyalariga to'g'ri kelmaganligi tufayli ham amaliy samara bermadi. Oxir-oqibat KPSSning halokati va SSSRning parchalanishiga turtki bo'ldi.

HUKUMAT – davlatning oliy kollegial ijroiya organi. Hukumatlar turli mamlakatlarda turlicha nom bilan ataladi: Vazirlar Kengashi (Frantsiya, Italiya, Polsha), Vazirlar Mahkamasi (Buyuk Britaniya, O'zbekiston), Davlat Kengashi (Xitoy Xalq Respublikasi) va hokazo. Parlamentar davlatlarda hukumatni davlat boshlig'ining topshirig'iga ko'ra parlament (quyi palatada ko'pchilik o'ringa ega bo'lgan partiya yetakchisi), Prezidentlik respublikalarida esa, prezident tomonidan shakllantiriladi. Hukumat a'zolari davlat boshqaruvining muayyan markaziy idoralariga boshchilik qiladilar.

O'zbekistonda hukumat Vazirlar Mahkamasi deb nomlanadi. U ijtimoiy-iqtisodiy hayotning barcha sohalariga rahbarlik qiladi.

HUKUMAT BOSHLIG'I – davlat yoki uning o'zini o'zi boshqaruvchi qismi oliy kollegial organining rahbari. Turli mamlakatda hukumat boshlig'i turlicha nomlanishi mumkin: bosh vazir, premer-ministr, vazirlar kengashining raisi, vazir-rais, davlat vaziri, federal kantsler va h.k. Hukumat boshlig'ini lavozimga davlat rahbari tayinlaydi; parlamentar davlatlarda, shuningdek, aralash tipdagi respublikalarda, odatda, parlament saylovlarida g'alaba qozongan partiyaning yetakchisi yoki hukumat koalitsiyasini tuzgan partiyalarning yetakchilaridan biri hukumat boshlig'i bo'ladi.

FOYDALANILGAN ADABIYOTLAR

1. Б.Ахмедов. Тарихдан сабоқлар. Т.: "Ўқитувчи", 1994.

2. А.Иброхимов. Биз ким, ўзбеклар. Т.: "Шарқ", 1999.

3. А.Саъдуллаев. Қадимги Ўзбекистон илк ёзма манбаларда. Т.: "Ўқитувчи", 1996.

4. О.Ражабов, Ф.Хасанов. Ўзбекистон тарихи солномаси. Т.: "Ўзбекистон Миллий Энциклопедияси" Давлат миллий нашриёти, 2007.

5. Ўзбекистон Миллий Энциклопедияси. 1-12 томлар. Т.: "Ўзбекистон Миллий Энциклопедияси" Давлат илмий нашриёти. 2000-2005 й.й.

6. Юридик Энциклопедия. Т.: "Шарқ", 2001.

7. М.Абдуллаев, М.Абдуллаева ва бошқ. Мустақиллик изоҳли илмий – оммабоп луғат. Т.: "Шарқ", 2006.
8. Б.Қодиров, Х.Матякубов. Ўзбекистон тарихидан мавзулар бўйича изоҳли луғат. Т.: "Фалсафа ва ҳуқуқ институти" нашриёти, 2008.

www.ingramcontent.com/pod-product-compliance
Lightning Source LLC
LaVergne TN
LVHW010314070526
838199LV00065B/5558